D1747471

FLORIDA
sehen & erleben

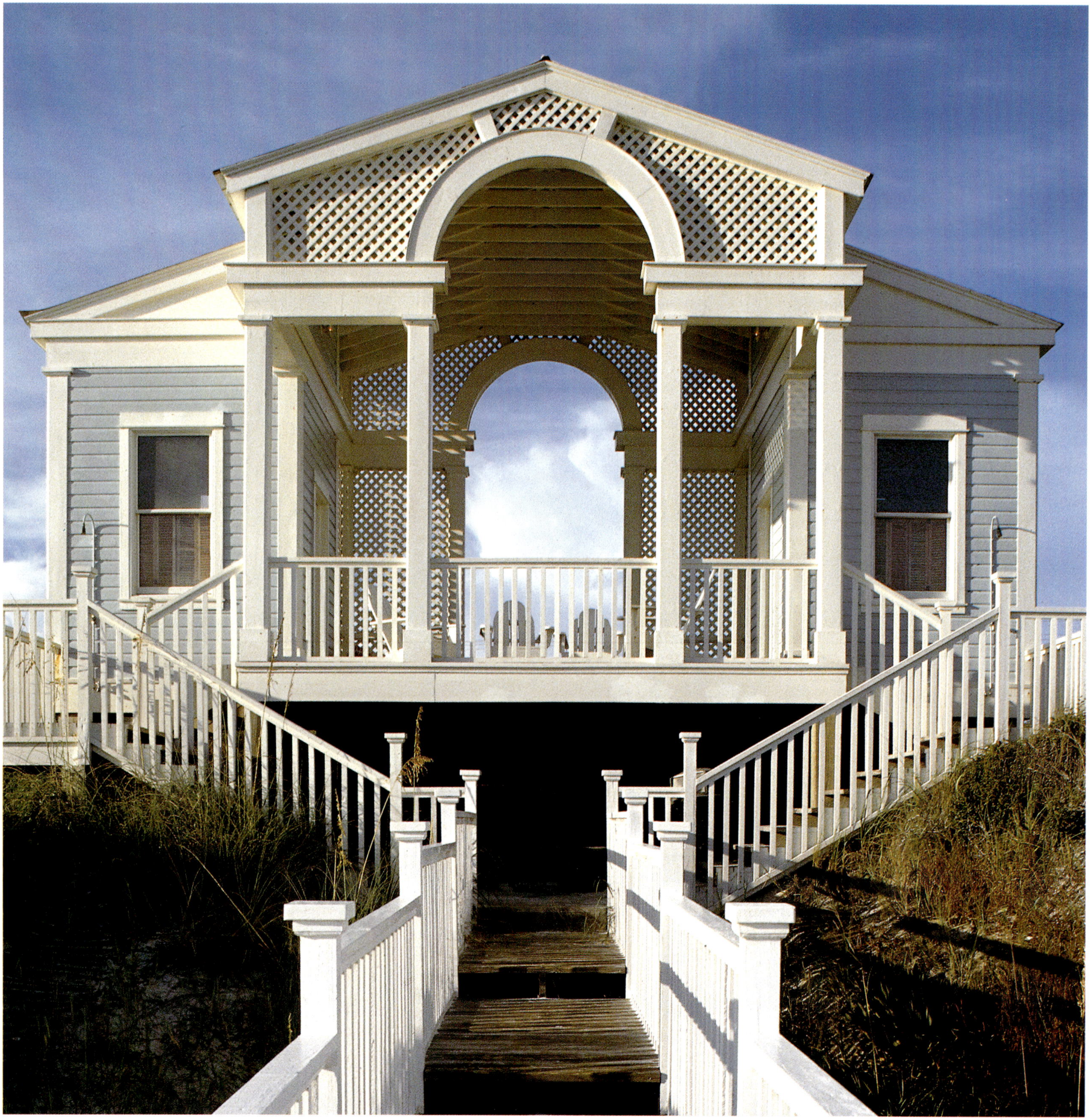

FLORIDA

Fotografie: Ernst Wrba
Text: Christoph Sahner

Südwest

Inhalt

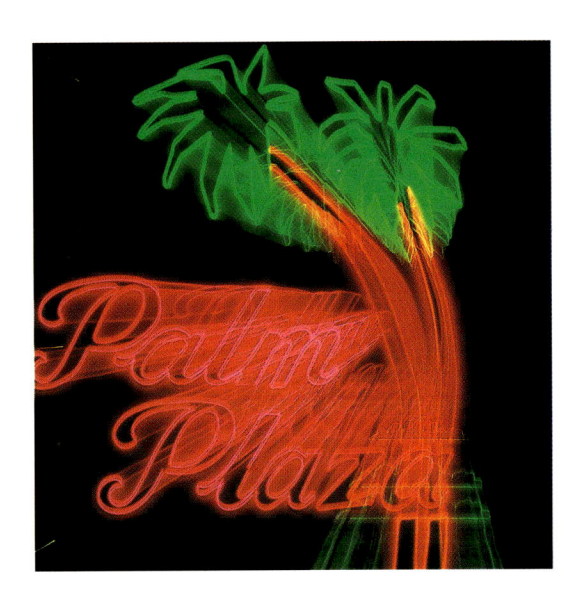

Die Aufnahmen auf den Inhaltsseiten zeigen im Uhrzeigersinn Facetten des Urlauberparadieses Florida: Neonschilder sorgen fürs Image (oben), die Palmen in Fort Lauderdale für Ferienstimmung, die Werbung in Panama City fürs Geschäft, der Strandwächter in Daytona Beach für Sicherheit und die Bank in Miami für die finanzielle Grundlage.

Die Abbildung auf Seite eins zeigt Flamingos, ein Symbol für den Sunshine State. Auf Seite zwei ist preisgekrönte Holzarchitektur in Seaside zu sehen.

Landeanflug auf Florida 13

Junges altes Florida 13

**Die Vergangenheit –
eine Geschichte für sich** 15
Ein Land widersetzt sich 16

Die Spanier in Florida 17
Das Ende der indianischen Ureinwohner 17
Auseinandersetzungen der europäischen
 Kolonialmächte 18

Florida wird Bundesstaat der USA 20
Eine besondere Orangenblüte 21
Brücke in die Karibik
 und eine neue Heimat 23

**Die Everglades – das Ende
des Gleichgewichts 23**
Die Erhaltung einer einzigartigen
Naturlandschaft 26

Alltag im All 27
Die Geschichte der Raumfahrt 28
Raumfahrtzentrum Cape Canaveral 29

**Urlaub von der Wirklichkeit –
Walt Disney World 31**
Perfekte Organisation 31
Welt der Abenteuer 33

**Key West – eine Nische für
Lebenskünstler 33**
Die große Show am Pier 34

Ein ungestörter Lebensabend 35

Die Bilder 37

Die Karte 120

*Landschaften und
Regionen Floridas 121*

**Zentralflorida: Vergnügen,
Erholung und Natur 121**
Sehenswürdigkeiten und
praktische Hinweise 121
Weitere Sehenswürdigkeiten
der Region 122

**Floridas Nordosten:
Das historische Herz 123**
Sehenswürdigkeiten und
praktische Hinweise 123

**Zentrale Ostküste: Weltraumbahnhof
und Traumstrände 125**
Sehenswürdigkeiten und
praktische Hinweise 125

**Südosten: Grenzland zwischen Karibik
und den USA 126**
Sehenswürdigkeiten und
praktische Hinweise 127
Der Everglades National Park 129
Florida Keys 130

Südwesten: Erholungssuche exklusiv 130
Sehenswürdigkeiten und
praktische Hinweise 131

**Zentrale Westküste: Treffpunkt des
internationalen Tourismus 132**
Sehenswürdigkeiten und
praktische Hinweise 132

Der Panhandle 133
Sehenswürdigkeiten und
praktische Hinweise 134

Zeittafel 136

Wissenswertes vor der Reise 137

Register 142
Bildnachweis und Impressum 143

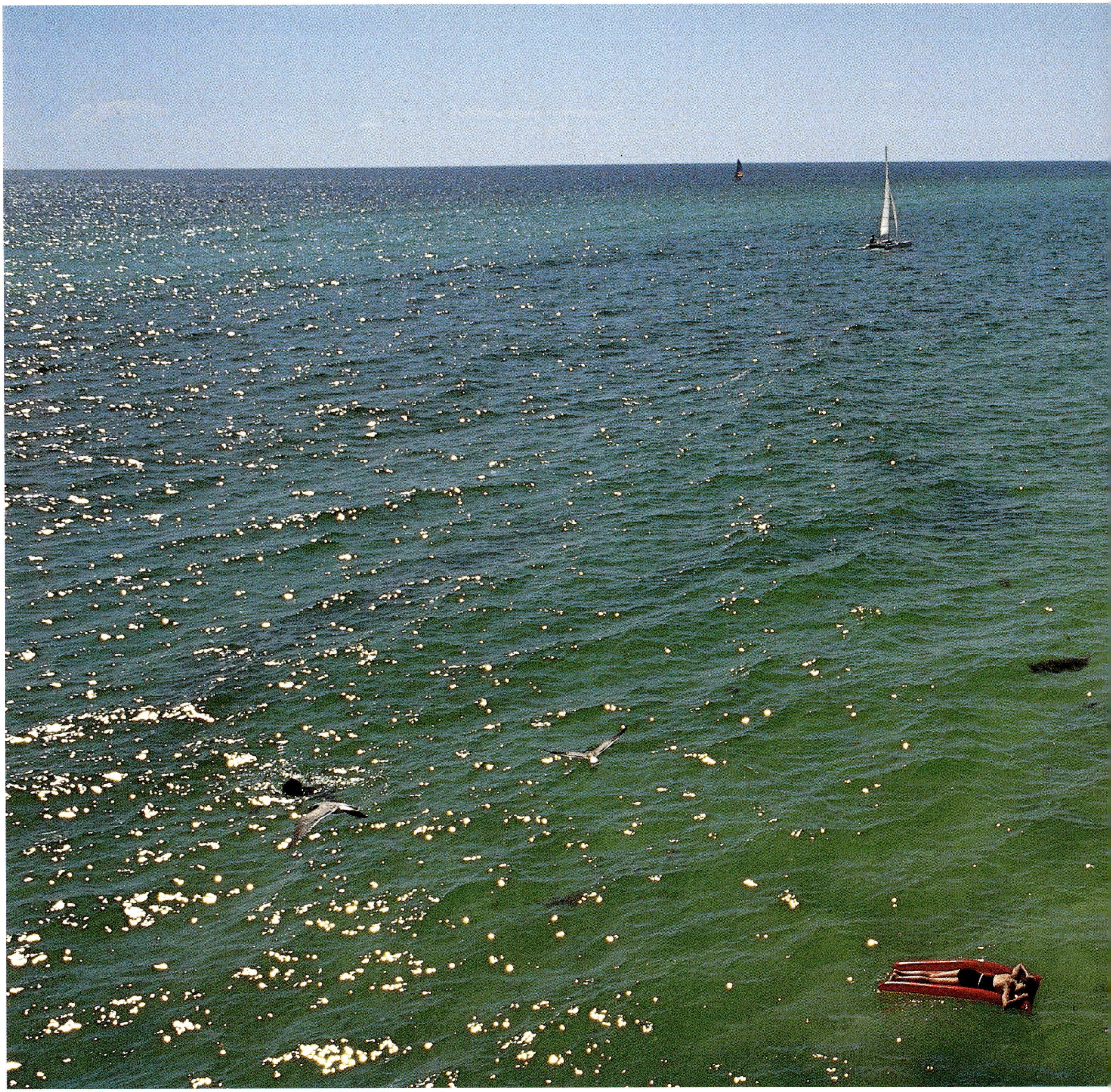

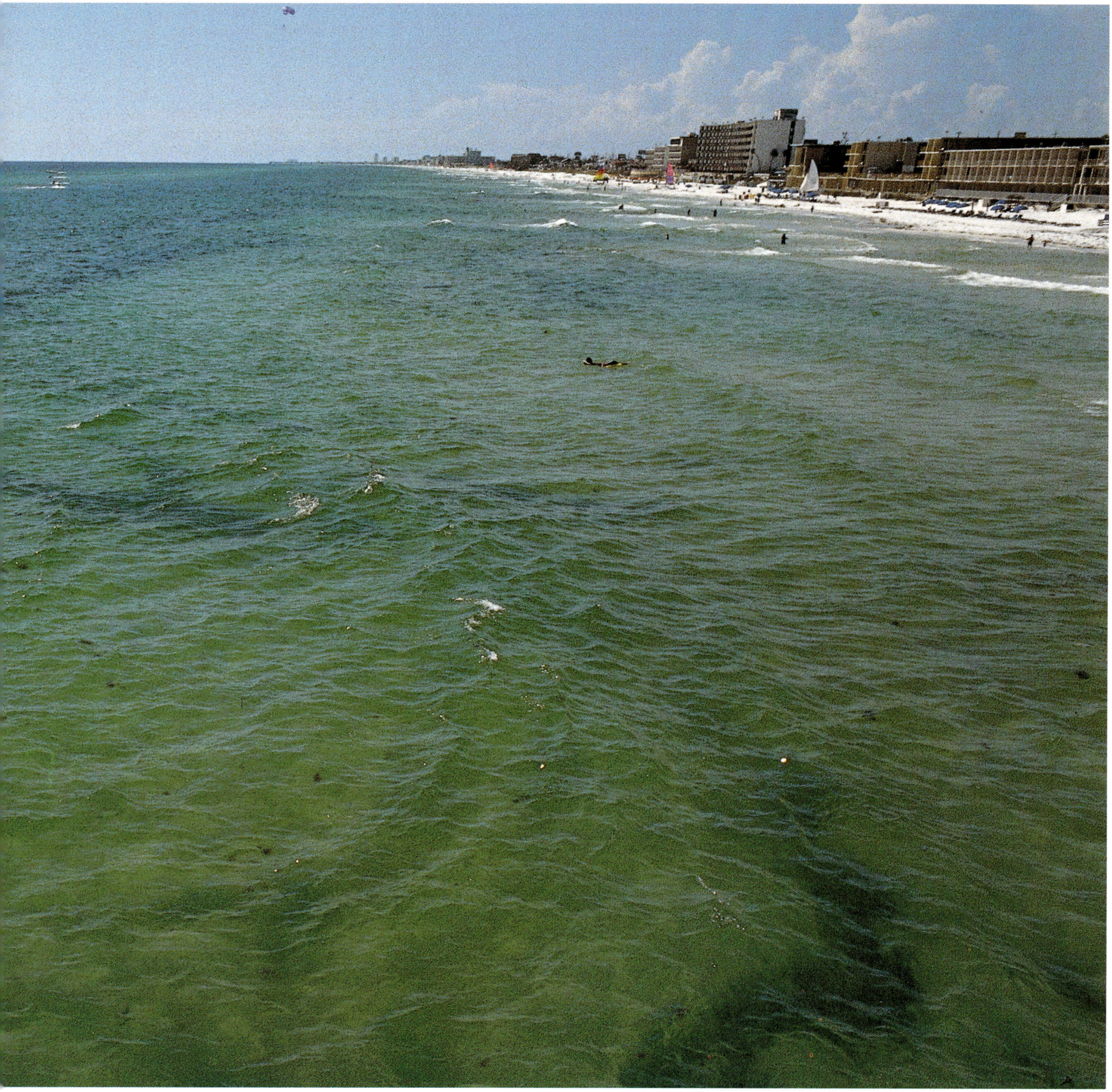

*Das Stadtbild von
St. Augustine vermittelt
noch heute die Atmosphäre der Kolonialzeit.
Mit großen umlaufenden
Veranden haben die
amerikanischen Pioniere
ihre Holzhäuser dem
warmen Klima angepaßt.*

*Vorhergehende
Doppelseite:
Die Strände und das
Meer am Golf von Mexiko gehören zu den schönsten Floridas. Sie sind
bei vielen Besuchern aus
Europa nahezu unbekannt. Lebhaft wird es
nur in den Sommerferien,
wenn die Bewohner der
Südstaaten hier Urlaub
machen.*

*Sanibel Island liegt im
Golf von Mexiko vor
Fort Myers. Die Insel
ist bekannt für ihre
traumhaften und muschelreichen Strände.*

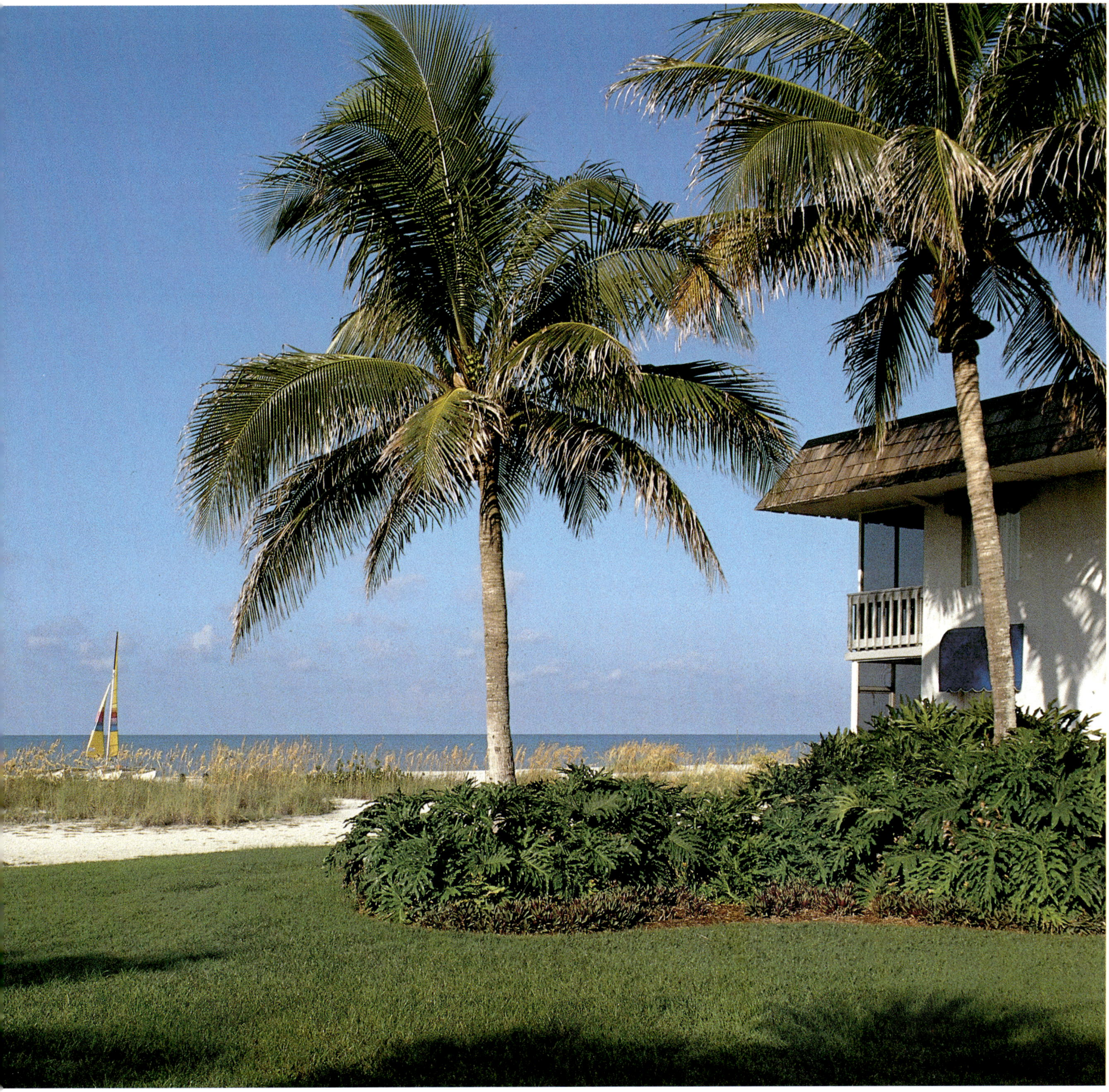

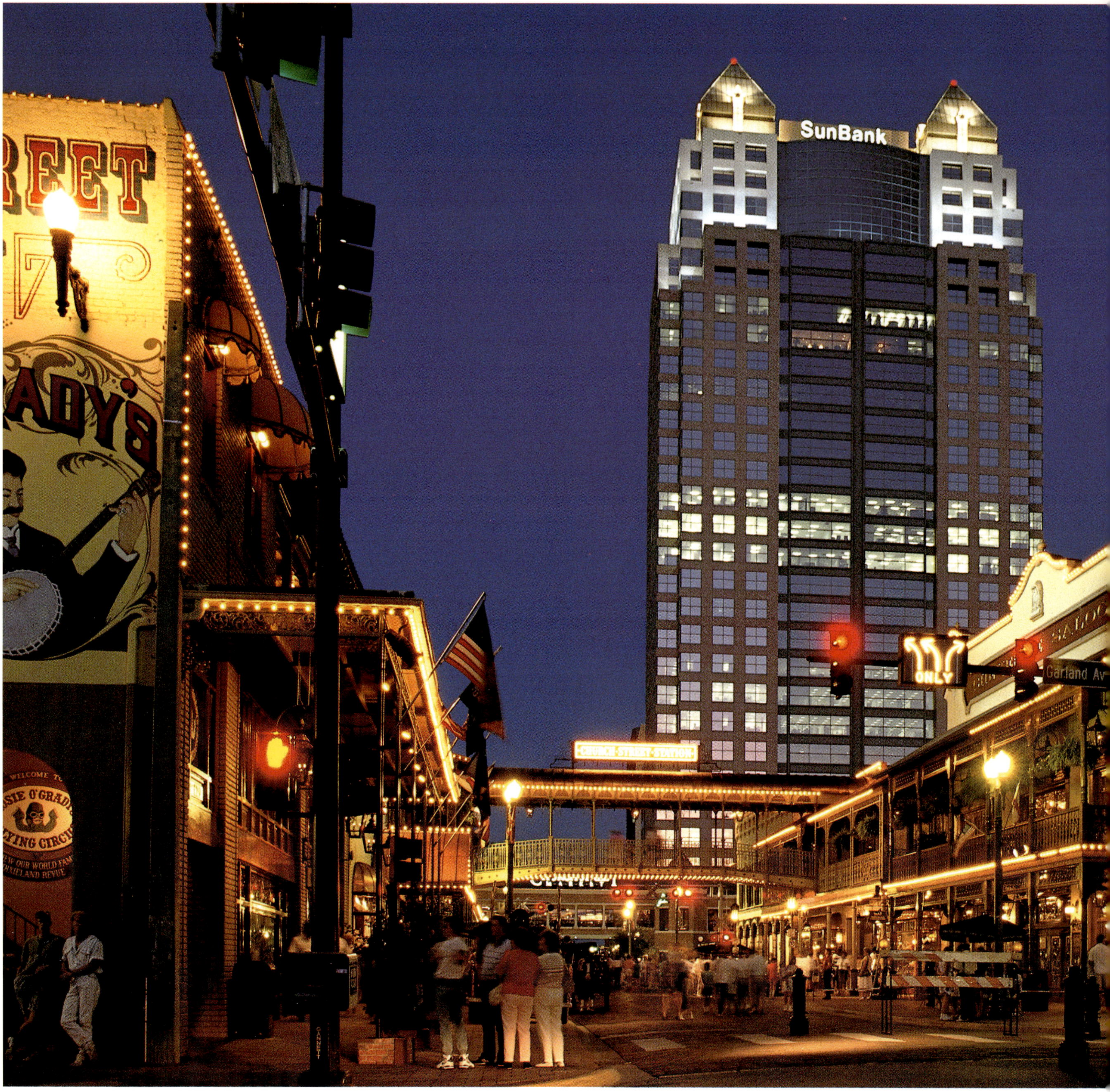
SunBank
ONLY
Garland Av

Orlando ist von Kontrasten geprägt. Die renovierten alten Gebäude der Church Street Station sind die einzigen Zeugen aus der Zeit, als die Stadt noch ein kleines Regionalzentrum war (beide Bilder).

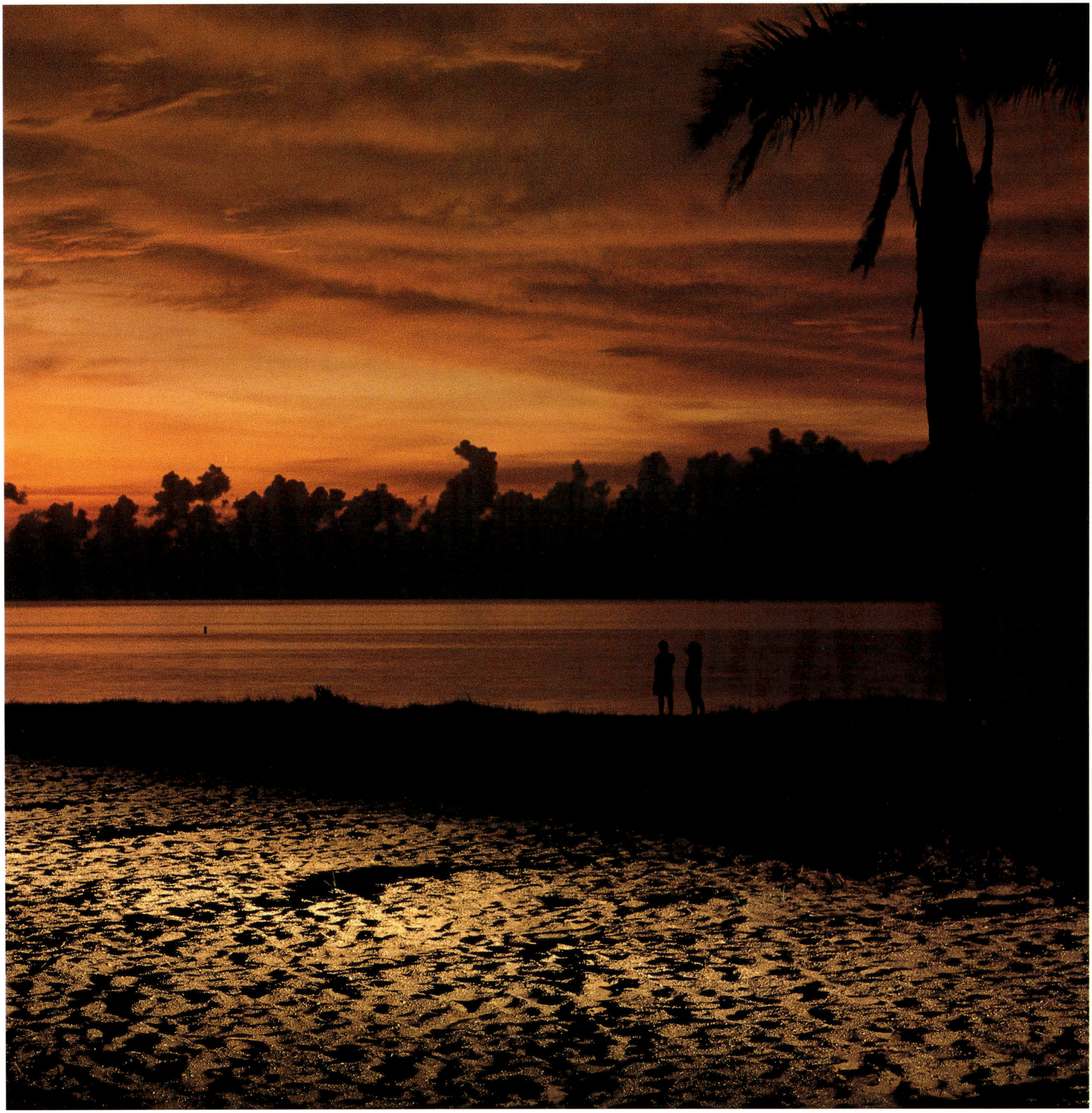

Landeanflug auf Florida

Zugegeben, es fällt schwer, alles auf die Seite zu schieben, was man schon einmal über Florida gehört hat. Wer beim Landeanflug aus dem Flugzeugfenster schaut, vergißt schnell den guten Vorsatz, nur eigene Erfahrungen gelten zu lassen. Denn auf den ersten Blick sieht es dort unten genauso aus, wie es schon unzählige Male geschildert wurde. Florida ist flach, grün und feucht. Also wird das andere wohl auch stimmen: Florida ist ein gigantischer Vergnügungspark, eine Region, die davon profitiert, daß es auch im Winter angenehm warm ist. Natürlich gibt es charmantere Schilderungen, in denen von aufgeschlossenen Menschen, einzigartigen Stränden und guten Hotels die Rede ist: Florida als amerikanische Variante der Karibik, als Paradies für Strandläufer und Wassersportler. Der erste Blick über die Landschaft läßt sich willig von solchen Beschreibungen leiten, nachdem der erste Eindruck die Richtigkeit bestätigt zu haben scheint. Viele der vorgelagerten Inseln sind dicht bebaut. Hochhäuser zeigen an, wie begehrt die Strandlage ist. Dahinter, auf dem Festland, durchschneiden die Highways schnurgerade die Landschaft, weil ihnen kein Hügel einen anderen Kurs aufzwingen könnte. Im Hinterland der Badeorte liegen ausgedehnte Wohn- und Gewerbegebiete, die dafür sorgen, daß die scheinbar kostbarsten Güter Floridas, Erholung und Unterhaltung, in reichem Maß angeboten werden können.

Dann ein zweiter, genauerer Blick. Da ist das Türkis des Meeres, das sich am Horizont nur durch eine etwas dunklere Tönung vom Blau des Himmels abhebt. Da spiegeln zwischen dem kräftigen Grün einer üppigen Pflanzenwelt unzählige Seen und Flüsse das Sonnenlicht wider. In ihren Mündungsgebieten formen Ströme ein eigenwilliges Muster aus grasbewachsenem, gelbgrünem Schwemmland und Wasser. Die Details offenbaren eine Schönheit, die freilich leicht zu übersehen ist, denn das Land ist weit und der Raum riesig. Überall dominiert die gerade Horizontlinie, die von der Landschaft lediglich kopiert und etwas variiert wird. Herkömmliche Orientierungspunkte fehlen fast völlig. Wenn schließlich doch einmal eine Senkrechte den Sehgewohnheiten entgegenkommt, dann sind es die Hochhäuser der großen Strandorte und der städtischen Ballungsgebiete. Aufdringlich spielen sie sich in den Vordergrund, ziehen den Blick auf sich und bestätigen die allzubekannten Klischees. Doch mit etwas Entdeckerlust und Geduld läßt sich ein anderes, beschaulicheres Florida erschließen. Auch wenn dem Ankommenden beim Aussteigen aus dem Flugzeug die feuchtwarme Luft entgegenschlagen sollte, von der immer die Rede ist: Florida ist so, wie man es erwartet ... und ganz anders. Es lohnt, einen genaueren Blick zu riskieren.

Junges altes Florida

Auf dem Kapitolhügel von Tallahassee, der Hauptstadt, stehen zwei Parlamentsgebäude, ein altes und ein neues. Das alte sieht so aus, wie ein amerikanisches Kapitol auszusehen hat: Ein Zentralbau mit Kuppel und zwei Flügeln, in denen sich die Sitzungssäle der beiden parlamentarischen Kammern und die Büros der Volksvertreter befinden. Doch das Alte Kapitol ist klein, viel zu klein für einen Staat mit über 13 Millionen Einwohnern. Deshalb wurde in den siebziger Jahren das neue Parlamentsgebäude gebaut, ein modernes Bürohochhaus, sachlich im Stil und imponierend in seinen Dimensionen. Das Neue Kapitol steht direkt hinter dem Alten, und es umfaßt mit seinen Flügeln das historische Bauwerk. Es gibt kein Bild größerer Symbolkraft, das für das Florida von heute stehen könnte.

Seit Florida im Jahr 1845 Mitglied der USA geworden war, entwickelte es sich in einem

Die Sonnenuntergänge am Meer sind immer wieder ein Erlebnis, wie hier an der Golfküste Floridas im Westen der Halbinsel.

In Tallahassee erhebt sich neben der Kuppel des Alten Kapitols (links) das moderne und funktionale Hochhaus des Neuen Kapitols (rechts), Symbol für die rasante Entwicklung Floridas in den vergangenen Jahren.

derartigen Tempo, daß die zahllosen Erweiterungsbauten am alten Parlamentsgebäude von Tallahassee schon bei ihrer Fertigstellung nicht mehr den Erfordernissen genügten. Als schließlich der neue Regierungsbau entstand, richtete man in dem historischen Kern des Alten Kapitols ein Museum ein und riß den Rest des Bauwerks ab. Und während sich das gestutzte Alte Kapitol mit seinem für die USA typischen Gemisch klassischer europäischer Baustile konservativ zeigt, dominiert in der Architektur des Neubaus moderne Nüchternheit.

Wie auf dem Kapitolhügel Altes und Neues aufeinanderstoßen, so ist auch der gesamte Staat von diesem Gegensatz geprägt. Dieses Spannungsfeld sorgt für eine verwirrende Vielfalt der Eindrücke, für Widersprüche und Lebendigkeit im modernen Florida.

Für viele ist Florida ein junger Staat. Die Bilder von Ferienparadiesen, in denen die Hotels alle Annehmlichkeiten bieten, moderne Städte wie Tampa, Orlando oder Miami, in denen eine postmoderne Architektur als Symbol für Erfolg steht, sie dienen als Beweis für solche Schilderungen. In Florida kaufen die Prominenten Phantasievillen zu Phantasiepreisen, und scheinbar alterslose Hollywoodstars lassen den Glanz ihres Ruhms in den Nachtklubs und Varietés zwischen Palm Beach und Miami erstrahlen. Die Krimiserie »Miami Vice« wartet mit modernen Helden auf, die Probleme wie den Drogenhandel bekämpfen. Es sind Helden, die sich mit modischem Schick und teuren Autos tarnen müssen, um nicht aufzufallen. Das junge Florida steht eben für Erfolg, Wohlstand und für etwas Verruchtheit.

Auch historisch läßt sich das Bild eines jungen Florida zeichnen. Als Florida 1845 als siebenundzwanzigster von heute 50 Bundesstaaten Mitglied der USA wurde, da lagen deren Grenzen schon längst jenseits des Mississippi. Florida war noch Pionierland, als der Wilde Westen schon fast gezähmt war. Die Stadt Miami ist gerade 100 Jahre alt. Für Traditionen ist in einem solchen Land kein Platz, so scheint es.

Für eigenständige kulturelle Traditionen ist tatsächlich kein Platz, doch das hat andere Gründe. Denn Florida ist ein Land ohne Ureinwohner. Die Seminolen, die Indianerstämme, die heute in Florida leben, kamen erst 200 Jahre nach den ersten europäischen Siedlern ins Land. Von den ersten Siedlerfamilien hat sich keine über die Jahrhunderte in Florida halten können, denn das Land war sowohl Zankapfel als auch Faustpfand der Kolonialmächte, und die Machtverhältnisse änderten sich ständig. Ein Abstammungsadel, wie bei den Mayflower-Familien in Neuengland, konnte sich hier nicht etablieren.

Wenn man Florida jedoch nicht aus der Perspektive der US-Geschichte betrachtet, dann ist es alt, sogar älter als die ältesten englischen Kolonien in Nordamerika. Nach der Entdeckung der Neuen Welt durch Christoph Kolumbus im Jahr 1492 war die Karibik das Eingangstor zum nordamerikanischen Kontinent und Florida das Bindeglied. St. Augustine in Nordostflorida nennt sich »Oldest City«, älteste Stadt, denn sie wurde 1565 gegründet, 55 Jahre bevor die »Mayflower« mit den Pilgervätern an der Küste von Neuengland landete, ein Ereignis, das als Markstein in der Geschichte der USA gilt. Nur wurde Florida im Gegensatz zu Neuengland nie zu einem Zentrum der Macht, das seine eigenen Traditionen hätte begründen können.

Auch wenn Florida keine eigenständige Kultur hervorgebracht hat, ist es kein kulturloses Land. Die Halbinsel bildet die Brücke zwischen der Karibik und Nordamerika. Durch seine Lage und Geschichte war es stets ein Land für Eroberer und Flüchtlinge, für Menschen, die hier ihr Glück suchten, und für Menschen, die anderswo nicht geduldet wurden oder keine Lebensgrundlage mehr hatten. Sie alle kamen als Einwanderer nach Florida und brachten ihre Traditionen mit. Es gibt hier griechische und kubanische Gemeinden. Die Muttersprache der meisten Einwohner Miamis ist Spanisch. Juden flohen zur NS-Zeit aus Deutschland nach Miami und brachten ihre Kultur mit. Die Seminolen, eingewanderte Creek-Indianer aus Georgia und Alabama, entwickelten ihre Traditionen in Florida weiter und paßten ihr Lebensweise den Bedingungen der Sumpflandschaften in den Everglades an.

Überall im heutigen Florida sind noch die Spuren des Alten zu finden. Manchmal ist die Geschichte des Landes lediglich beiseitegeschoben worden, aber manchmal ist sie auch nur von anderem überwuchert. Doch das neue Florida wäre ohne das alte überhaupt nicht denkbar. Zwar ist Tallahassee die Hauptstadt des Landes geblieben; doch ist aus dem Regierungssitz im Herzen des alten Florida eine Provinzstadt im modernen Florida geworden.

Der Supreme Court, der Oberste Gerichtshof Floridas, steht auf der Westseite des Kapitolhügels in der Hauptstadt Tallahassee.

Die Vergangenheit – eine Geschichte für sich

Die Bewohner von St. Augustine sind stolz auf die Geschichte ihrer Stadt. Und ganz besonders stolz sind sie darauf, daß sie diese Geschichte ihren Besuchern auch vorzeigen können. Mit dem Castillo de San Marcos besitzen sie eine in Alter und Art einzigartige Festung, ein Gebäude, das sie als das älteste bezeichnen. Das stimmt zwar nicht ganz, aber es kommt der Wirklichkeit doch recht nahe. Ihren Ort jedoch dürfen die Bewohner von St. Augustine den ältesten der USA nennen, wenn auch nur mit einer kleinen Einschränkung: »älteste, ständig bewohnte europäische Ortsgründung«.

Es ist durchaus keine Selbstverständlichkeit, Geschichte herzeigen zu können, denn Floridas Vergangenheit ist stark von seiner Grenzlandlage bestimmt. In diesem Land trafen die Einflußbereiche der Weltmächte des 16. und 17. Jahrhunderts aufeinander. Die Karibik war hauptsächlich spanisch, die

Franzosen etablierten sich an der nördlichen Golfküste und das britische Siedlungsgebiet breitete sich entlang der Atlantikküste in Richtung Süden aus. Nach dem Unabhängigkeitskrieg kam im 18. Jahrhundert mit den USA eine neue Macht ins Spiel, und ganz Florida wurde Kriegsschauplatz: Spanier kämpften gegen die indianischen Ureinwohner (im frühen 16. Jahrhundert), Spanier gegen Franzosen (im ausgehenden 16. Jahrhundert), Briten gegen Spanier (18. Jahrhundert), Briten gegen Amerikaner (18. und 19. Jahrhundert), Amerikaner gegen Seminolen (19. Jahrhundert) und Amerikaner gegen Amerikaner (19. Jahrhundert), um nur einige Beispiele zu nennen.

Seit die Europäer die für sie Neue Welt entdeckt hatten, stritten sie sich um den Besitz des Landes. In diesen Auseinandersetzungen wurde Florida häufig als Faustpfand eingesetzt. Im schnellen Wechsel der Machthaber blieb aber wenig Zeit, um Bleibendes zu schaffen, Zerstörung war die Regel. Nur da, wo sich eine Nation für längere Zeit halten konnte, finden wir noch heute steinerne Zeitzeugen, die ihr Jahrhundert überdauert haben. So wie in St. Augustine handelt es sich dabei meist um Befestigungsanlagen.

Ein Land widersetzt sich

Juan Ponce de León (um 1460–1521) wird heute als Stammvater der europäischen Kolonie Florida geführt, denn als er zu Ostern 1513 irgendwo an der Küste zwischen St. Augustine und Jacksonville ankerte, standen genügend Zeugen bereit, diese Landnahme für die Geschichtsschreibung zu verbürgen. Außerdem gab Ponce de León der Halbinsel ihren Namen. Zur Osterzeit, während des Festes der Blumen, spanisch *pascua florida*, entdeckte er die vermeintliche Insel, die deshalb La Florida genannt wurde. Es heißt, eigentlich sei Ponce de

León auf der Suche nach dem sagenumwobenen Jungbrunnen von Bimini gewesen, doch dürfte die Unternehmung ein anderes Ziel gehabt haben. Sie galt der Suche nach Gold, Land, Ruhm und Macht.

Die Feindseligkeit indianischer Eingeborener läßt vermuten, daß bereits kurz nach dem Landgang von Kolumbus in der Karibik Abenteurer, Piraten und Sklavenhändler Floridas Küsten erforscht haben. Es gibt zudem weitere Hinweise darauf, daß Florida bereits vor 1513 entdeckt wurde. In den Jahren 1497 und 1498 segelte der Italiener Giovanni Caboto, von den Engländern John Cabot genannt, im Auftrag des Königs Heinrich VIII. von England in die Neue Welt, um einen Seeweg nach Asien zu suchen. Wahrscheinlich segelte er damals die Küste von Süd-Labrador entlang bis hinunter nach Florida, denn bereits 1502 wurde die erste Landkarte mit einer Andeutung der Halbinsel veröffentlicht.

Die Spanier in Florida

Für die Spanier war Florida eine einzige Enttäuschung. Das Land war sumpfig und bot kaum Grundlagen für eine planvolle Besiedelung. Reichtümer wie in Mittel- und Südamerika gab es für die glücklosen Eroberer hier ebenfalls nicht zu holen.

Im Jahr 1521 machte sich Ponce de León noch einmal von Puerto Rico aus mit 200 Siedlern, mit Pferden, Zuchtvieh, Saatgut und landwirtschaftlichem Gerät auf den Weg, um in Florida eine Kolonie zu gründen. Die Indianer zerstörten die Siedlung, töteten einige der Eindringlinge und trieben die restlichen zur Flucht nach Kuba.

Die Erwartungen anderer spanischer Eroberer waren ähnlich. Hernando de Soto (1486–1542) landete im Mai 1539 in der Region der Tampa Bay. Er kam mit einer kompletten Armee: Angemessen für einen Eroberungskrieg, nicht aber für die Sumpflandschaften Floridas. Die Pferde wurden von den Moskitos zu Tode gestochen oder bei den Angriffen der Indianer getötet. Die Soldaten wurden durch Panzerung und schwere Waffen behindert. Auch de Sotos Expedition war auf der Suche nach Gold, denn die Funde in den anderen spanischen Kolonien der Neuen Welt hatten die Gier der Kolonisten geweckt. Die Indianer merkten bald, wonach die Eroberer suchten. »Weiter weg«, lautete ihre Standardantwort auf die Frage, wo die sagenumwobenen Schätze zu finden seien. So wurde aus der ehrgeizigen Unternehmung ein Irrmarsch durch das Gebiet des heutigen Zentral- und Nordflorida, durch Georgia, Alabama und Louisiana. Sogar bis nach Texas trieb die Goldgier die immer kleiner werdende Truppe. Drei Jahre nach dem Aufbruch der Expedition fand de Soto im Mississippi-Becken den Tod. Nur wenige Gefolgsleute schafften es, nach viereinhalb Jahren Irrweg bis nach Mexiko zu gelangen. Sie hatten auf ihrer Expedition viel gesehen, sich eine Unzahl von Feinden geschaffen und nichts erreicht.

Das Ende der indianischen Ureinwohner

Die Geschichtsschreibung ist uneinig, welchen zivilisatorischen Entwicklungsstand die Indianer Floridas zu jener Zeit hatten. Sicher ist, daß das Land keine Grundlagen für Hochkulturen bot, wie wir sie aus Zentral- und Südamerika kennen. Kleine Grab- und Tempelhügel, Alltagsgegenstände oder Aufschüttungen von Muschelschalen, die als frühzeitliche Müllkippen Siedlungsorte verraten, sind die einzigen Zeugen der Vorgeschichte. Auf jeden Fall ist die zeitgenössische Bezeichnung »Wilde« für die Indianer nicht richtig, weil die Funde für ein hoch entwickeltes religiöses und soziales Bewußtsein sprechen. Zwischen 35 000 und

Mancherorts müssen Floridas Besucher genau wissen, wo sie hinwollen. An vielen Kreuzungen werden nur die Himmelsrichtungen angegeben, aber keine Orte.

Zypressen lieben die Feuchtigkeit; in Wakulla Springs (links), einer riesigen Süßwasserquelle im Panhandle, finden sie für ihr Wachstum optimale Bedingungen.

Tampa liegt in Südwestflorida. Mit seinem Flughafen, seinen Bürobauten und dem großen Hafen ist die Stadt ein wichtiges Wirtschaftszentrum.

In der Innenstadt von Tampa spiegelt die Fassade eines modernen Bürohochhauses ein Stück Vergangenheit leicht verzerrt wider (rechts).

100 000 Einwohner soll Florida um 1500 gehabt haben, erstaunlich viel für ein Land ohne wesentlichen Ackerbau, was auf einen natürlichen Nahrungsreichtum hinweist.

Von den Ais, die in der Gegend des heutigen Cape Canaveral lebten, den Tequesta im Südosten und den Indianern der südlichen Golfküste, den Calusa, ist bekannt, daß sie als Jäger, Fischer und Sammler in einem Land lebten, das ihnen Nahrung im Überfluß bot. Die Tocobaga an der Tampa Bay, die Timukuan im Nordosten und die Apalachee im Nordwesten betrieben zusätzlich Landwirtschaft. Die Zivilisationen, in denen Ackerbau betrieben wurde, hinterließen auch Zeichen ihrer Kultur, meist Grab- und Tempelhügel, die das Zentrum ihrer relativ großen Siedlungsorte bildeten. Trotz der ersten Enttäuschungen wollten die Spanier Florida planvoll besiedeln. Der erste Versuch 1561 an der Bucht von Pensacola scheiterte bereits nach zwei Jahren. 1565 gründete Pedro Menéndez de Aviles (gestorben 1574) St. Augustine in Konkurrenz zu dem weiter nördlich gelegenen französischen Fort Caroline. Man hatte die strategische Bedeutung der Halbinsel erkannt, denn Spaniens Handelswege verliefen durch die Strait of Florida, die Meeresstraße zwischen Kuba und Florida. Hier ließen sich die Goldschiffe aus den reichen Provinzen Zentral- und Südamerikas die Küste entlang mit dem Golfstrom Richtung Europa treiben. Doch war die Meerenge mit ihren gefährlichen Untiefen ein ideales Revier für Piraten, die hier die Schatzschiffe abfingen. Deshalb sollten Stützpunkte die spanischen Handelsrouten sichern.

Doch nur in der Mitte und im Norden Floridas entstanden Forts und Missionsstationen, die eine gewisse Kontrolle über das Land garantierten. Die ersten Forts waren einfache Befestigungsanlagen, die eher Schutz vor dem heftigen Wind, als vor feindlichen Angriffen boten. So war es 1585 für den Briten Sir Francis Drake ein leichtes, St. Augustine völlig zu verwüsten. Die Spanier, in richtiger Einschätzung ihrer Verteidigungsfähigkeit, vergruben ihre Kanonen und flohen in die Wälder, um nicht mit den Angreifern zusammenzutreffen.

Den indianischen Ureinwohnern brachte das Zusammenleben mit den Spaniern den Tod. Sie hatten keine Abwehrkräfte gegen die eingeschleppten Krankheiten. Daher starben in den 200 Jahren spanischer Herrschaft fast alle Indianer an eigentlich harmlosen Infektionskrankheiten. Als die Spanier 1763 Florida räumten und nach Kuba auswanderten, wurden sie von einigen hundert Indianern begleitet. Mehr hatten die Kolonialzeit nicht überlebt.

Auseinandersetzungen der europäischen Kolonialmächte

Die Auswirkungen der europäischen Kolonialpolitik auf Florida waren vielfältig. In der nördlich angrenzenden britischen

Kolonie, im heutigen Georgia und Alabama, wurde der Raum für die Creek-Indianer immer knapper, weil weiße Siedler das Land für sich beanspruchten. Im 18. Jahrhundert wichen einige Stämme, die später Seminolen genannt wurden, nach Süden ins noch spärlich besiedelte Florida aus.

Die Ansprüche der anderen Kolonialmächte waren auch spürbar. 1702 und 1740 wurde St. Augustine von den Briten belagert, die ein begehrliches Auge auf das relativ fruchtbare Nordflorida geworfen hatten. Doch durch die wiederholten Angriffe gewarnt, hatten die Spanier 1672 begonnen, das Castillo de San Marcos in St. Augustine zu bauen, um sich einen uneinnehmbaren Posten zu schaffen. Sie benutzten dazu den auf der vorgelagerten Anastasia-Insel gewonnenen Coquinastein. Dieser Stein besteht aus einem Sand-Muschel-Gemisch, das an der Luft aushärtet und relativ elastisch bleibt. Bei der britischen Belagerung von 1702 bestand das noch nicht fertiggestellte Fort die erste Bewährungsprobe. Die Kanonenkugeln prallten an dem Mauerwerk ab oder blieben darin stecken. Zwar wurde der Ort wieder zerstört, doch erwies sich die Festung als uneinnehmbar.

Florida blieb bis 1763 spanisch, obwohl es mit St. Augustine, dem Fort San Marcos de Apalachee (südlich des heutigen Tallahassee) und Pensacola nur drei Stützpunkte gab. 1763 erhielt Großbritannien Florida im Austausch für Havanna auf Kuba.

Die neuen Machthaber traten ihre Herrschaft in Florida zwar mit großen Ambitionen, aber mit nur wenig Erfolg an. Florida sollte ein attraktives Entwicklungsgebiet für Siedler werden, und es entstanden erste Plantagen. Doch der amerikanische Unabhängigkeitskrieg setzte den Plänen ein jähes Ende. Zwar hielten Floridas Bewohner loyal zu Großbritannien, aber die Spanier konnten gegen die im amerikanischen Unabhängigkeitskrieg engagierten Briten

Post Office besagt die Aufschrift an dieser Hütte. Das floridianische Postamt in Ochopee in den Everglades ist das kleinste der USA. Seine Maße: 2,5 x 2 Meter.

Florida wird Bundesstaat der USA

Andrew Jackson übernahm als erster Gouverneur ein Land, das organisatorisch zweigeteilt war. Pensacola und St. Augustine waren gleichberechtigte Gouverneurssitze eines West- und eines Ostflorida. Auf dem Landweg dauerte es etwa drei Wochen, um Akten von einem Ort zum anderen zu schaffen. Die Reise war mühselig, gefährlich, und das Sumpffieber war damals bei pflichtbewußten Beamten keine seltene Todesursache. 1824 wurde beschlossen, an der Stelle einer früheren Indianersiedlung, die auf halbem Weg zwischen den Gouverneurssitzen lag, die neue Hauptstadt Tallahassee (von einem Indianerwort für »verlassenes Feld« abgeleitet) zu erbauen.

Zur gleichen Zeit wurden die Seminolen mit brutaler Gewalt immer weiter in den Süden gedrängt. Das geschah zwar unter vertraglicher Absicherung, doch daran hielten sich beide Seiten nicht. Die Indianer wurden immer wieder übervorteilt.

Osceola, der berühmteste Häuptling der Seminolen, führte lange Zeit einen Guerillakrieg gegen die Weißen. Er wurde nur deshalb gefaßt, weil er bei Vertragsverhandlungen gegen alle Absprachen gefangengenommen wurde. Die Seminolen zogen sich nach Süden in die Everglades zurück, um der Zwangsumsiedelung in das Gebiet westlich des Mississippi zu entgehen.

Florida war zu jener Zeit ein Land der Plantagenbesitzer, Sklavenhaltung die Regel. In der ersten Verfassung von 1838 wurden die bürgerlichen Grundrechte der Unabhängigkeitserklärung nur allen »freemen«, das heißt den freien Bewohnern, zugestanden: Die Verfassungsväter wollten damit ihren Besitzstand wahren.

Der Amerikanische Bürgerkrieg unterbrach die rasche wirtschaftliche Erschließung nach der Aufnahme in die USA als vollwertiger Bundesstaat im Jahr 1845. Florida

Erfolge erzielen. Diese übergaben 1783 Florida wieder an Spanien im Tausch gegen die Bahamas und Gibraltar. Neben spanischen Siedlern kamen die ersten Amerikaner ins Land. Sie trieben Handel und richteten Baumwoll- und Zuckerrohrplantagen ein.

Machtpolitisch hatten sich die Fronten verschoben. Jetzt attackierten die Briten vom spanischen Florida aus die USA. Zumindest sah General »Old Hickory« Andrew Jackson (1767–1845), der spätere US-Präsident, dies so, und er rechtfertigte damit zahlreiche gewaltsame Aktionen. Für Jackson war Florida voll von Feinden: Spanier, Briten und die Seminolen mit ihren Verbündeten, den aus den Südstaaten geflohenen Sklaven. Jacksons Militäraktionen von 1818 werden heute in den Geschichtsbüchern als Erster Seminolenkrieg geführt, genauer betrachtet war es der Versuch eines Eroberungskrieges. 1821 wurde Florida amerikanisches Territorium. Die USA hatten es für fünf Millionen Dollar gekauft. Diese Summe war Spanien US-Bürgern schuldig geblieben.

wurde auf der Seite der Südstaaten in den Konflikt hineingezogen. Die Forts waren zwar umkämpft, aber das Land entging größtenteils den Zerstörungen, wie sie die Südstaaten zu erleiden hatten.

Wirtschaftskrisen und Naturkatastrophen erschütterten nach dem Bürgerkrieg das Land, nicht mehr die Machtpolitik. So hatte beispielsweise der Deutsche Eberhard Faber 1855 die Wälder um Cedar Key gekauft, um das Holz zu Bleistiften zu verarbeiten. Die Sägemühlen und die Fischerei sorgten für Konjunktur. 1889 waren die Zedernwälder verschwunden, Seuchen hatten den Fisch- und Austerngründen schwer zugesetzt. Von den 5000 Einwohnern im Jahr 1885 waren bis 1900 nur noch 864 übrig. Unerwartete Fröste und Schädlingsplagen im ausgehenden 19. Jahrhundert legten in manchen Regionen Nord- und Zentralfloridas die Produktion von Zitrusfrüchten für Jahre lahm. Seuchen dezimierten zur gleichen Zeit die Schwammvorkommen vor Key West, Hurrikans zerstörten Häuser, vernichteten Ernten.

Doch alle diese Rückschläge hielten die Entwicklung nicht auf. Die Menschen hatten über 300 Jahre nach der ersten Erschließung den eigentlichen Reichtum Floridas entdeckt: Das in der Regel milde Klima, den Überfluß an Wasser und riesige Wälder. Vor allem aber verfügten sie inzwischen über die nötigen Mittel, sich diese Reichtümer zugänglich zu machen.

Eine besondere Orangenblüte

Motor der rasanten Entwicklung während des 20. Jahrhunderts war die Eisenbahn. Ende des 19. Jahrhunderts eröffneten die Eisenbahnzare Henry B. Plant und Henry M. Flagler ihre Linien zur Tampa Bay und nach Miami. Bereits um die Jahrhundertwende war Florida zu einem beliebten Reiseziel avanciert. Die Hotels, die gleich mitgebaut wurden, boten den anspruchsvollen Gästen im noch wilden Florida den nötigen Luxus. Vor allem durch die Streckenführung von Flaglers Ostküstenbahn wurde Floridas Landkarte umgeschrieben. Entlang der Bahnlinie entstanden Badeorte wie Daytona Beach, Palm Beach und Miami. Dorthin entflohen die wohlhabenden Touristen dem Norden, und wer es sich leisten konnte, ließ sich hier gleich eine Winterresidenz errichten.

Eine Orangenblüte, mitten im Dezember aus Miami von der Großgrundbesitzerin Julia D. Tuttle zugesandt, soll Flagler angeblich dazu bewogen haben, seine Eisenbahn erst bis nach Miami, später sogar bis nach Key West zu führen.

Hintergrund dieser Geschichte: Fröste hatten die Zitrusplantagen in Zentral- und Nordflorida zu großen Teilen zerstört. Die Eisenbahn konnte als schnelles Transportmittel neue Anbaugebiete erschließen.

Mit kostenlosem Bauland wurde deshalb um Flaglers Eisenbahn geworben. Wer in

Nur die vielen Briefkästen am Straßenrand zeigen an, daß hier irgendwo im Grünen jemand wohnt. Die Empfänger kommen einmal pro Woche mit dem Auto vorbei, um ihre Post abzuholen.

der Gegend von Miami Zitrusplantagen oder Gemüsefelder besaß, wartete schon darauf, seine Produkte schnell auf den amerikanischen Markt bringen zu können. Vom Massentourismus in Millionendimensionen träumte 1896, bei Ankunft der ersten Eisenbahn, noch niemand.

Die Weiterführung der Strecke bis nach Key West lieferte für den Ausflugsverkehr einen zusätzlichen Anreiz. Man müsse nur Brückenbogen an Brückenbogen reihen, dann käme man schon nach Key West, meinte Flagler zum Bau der Eisenbahn übers Meer und über die Inselkette der Keys. Dem alten Mann, er war inzwischen 75 Jahre alt, konnten die Arbeiten nicht schnell genug gehen. Er entschied, auch während der Hurrikansaison im Sommer und Herbst weiterzubauen. Wegen dieser Eile kamen im Oktober 1906 fast 90 Menschen bei einem Hurrikan um, die Bauwerke aber hielten stand. 1912 erreichte die Bahnstrecke Key West, 1913 starb Flagler.

So verrückt Flaglers Idee auch erscheinen mag, eine Eisenbahnstrecke ins Meer hinauszubauen, ist sie keineswegs von völliger Realitätsferne. Kuba galt als wichtiger Handelspartner der USA in der Karibik. Die Eisenbahn sollte nicht nur Touristen binnen zwei Tagen von New York über Key West und mit der dortigen Fähre direkt nach Havanna bringen, auch Postsendungen und Güter aller Art konnten auf diesem Verbindungsweg schnell transportiert werden. Im Jahr 1935 zerstörte ein verheerender Hurrikan die Eisenbahnlinie und riß dabei Hunderte von Menschen in den Tod. Bis zu diesem Unglück hatten schon über eine halbe Million Passagiere diese eigenwillige Strecke durchs Meer bereist. Wenig später baute der Staat Florida auf den Fundamenten der Eisenbahn die A-1, die seitdem eine der merkwürdigsten Straßen der Welt ist.

Der Eisenbahnbau lieferte neben der Verbesserung der Transportwege den Spekulanten das Hauptargument für steigende Grundstückspreise. Um 1900 tat sich ein neues Stück Land auf, das durch den amerikanischen Pioniergeist bewohnbar gemacht sein wollte: die Everglades. Man begann damit, dieses Gebiet zu entwässern, um dann im Süden von Lake Okeechobee riesige Zuckerrohrfelder bestellen zu können. Den mageren Böden konnten die Großfarmer nur mit Einsatz von Guano und später Kunstdünger rentable Ernten abringen.

In Jacksonville, Tampa und Miami etablierten sich um die Jahrhundertwende wichtige Militärbasen und während der beiden Weltkriege Ausbildungszentren für US-Soldaten. Dem Zwangsumzug der Menschen während der Krisenzeiten folgte eine freiwillige Ansiedlung nach Friedensschluß. Die Exsoldaten berichteten nach der Rückkehr in ihren Heimatstaaten vom warmen Süden. Manche blieben selbst in Florida, viele lockten Urlauber und Pensionisten in die jungen Orte entlang der Bahnlinien. In den zwanziger und dreißiger Jahren brachte

Eine der zahlreichen Brücken (oben), die zwischen den Keys, den Inseln vor der Südküste von Florida, die Verbindung herstellen.

Highways sind die Lebensadern Amerikas (unten). Auch in Florida findet ein großer Teil des Lebens auf der Straße statt.

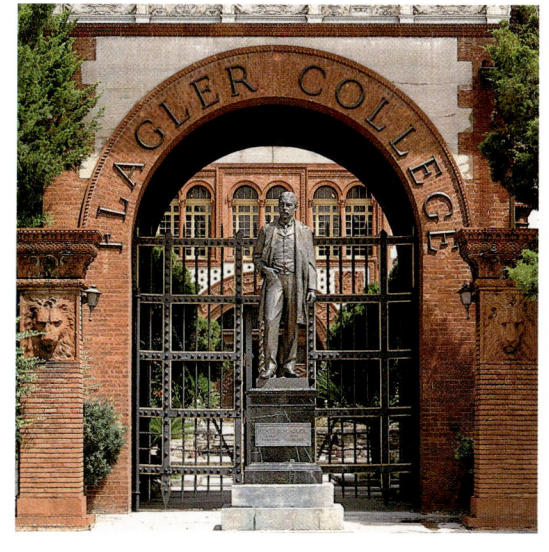

Der Horizont über Florida ist unendlich. Eine Fahrt durchs Meer, über die Brücken zwischen den Keys (oben), ist ein besonderes Erlebnis.

Der Eingang zum Flagler College (unten) in St. Augustine. Vor dem Universitätsgebäude steht die Statue des Eisenbahnmagnaten Henry M. Flagler.

ein massiver Ausbau des Straßennetzes zahlreiche Autotouristen in den »Sunshine State«, wie Florida inzwischen immer häufiger werbeträchtig genannt wurde. Selbst die Wirtschaftskrise dieser Jahre konnte den Boom nur wenig aufhalten.

Brücke in die Karibik und eine neue Heimat

Wie ein ausgestreckter Finger ragt die Halbinsel Florida in die Karibik. In seiner ganzen Geschichte war dem Land diese Lage Segen und Fluch zugleich. Strände, Wasser und Sonne lockten Millionen Touristen und Pensionisten in das vom Klima begünstigte Florida. Strategen des Kalten Krieges beäugten von Key West aus, wie das revolutionäre Kuba Fidel Castros 1962 mit sowjetischer Hilfe militärisch Front gegen die USA machte. Militärs und Wissenschaftler kommen in Cape Canaveral dem Äquator und damit der idealen Umlaufbahn für Raumfahrzeuge näher als anderswo in den kontinentalen USA. Für Drogenbosse ist die exponierte Küste und die weit in die Karibik hineinreichende Landmasse eine ideale Drehscheibe ihrer illegalen Transportwege in die USA.

In den Boomjahren der Jahrhundertwende, der zwanziger Jahre und in den Jahrzehnten nach dem Zweiten Weltkrieg, war die rigorose Urbarmachung neuer Regionen Grundlage dafür, daß Florida seinen neuen Bürgern überhaupt genügend Platz bieten konnte. Viele Einwanderer fanden hier eine Heimat: Kubaner, die im 19. Jahrhundert die Zigarrenindustrie erst nach Key West, dann nach Tampa gebracht hatte, trieb es nach dem Spanisch-Amerikanischen Krieg 1898, dann wieder 1959 nach der kommunistischen Revolution bis heute in den südlichsten Staat der kontinentalen USA. Griechische Schwammtaucher pflegen in Tarpon Springs an der Golfküste ihre Kultur. Juden, die während des Dritten Reiches aus Deutschland nach Miami geflohen sind, stellen hier noch heute eine wichtige Bevölkerungsgruppe dar.

Und schließlich die friedliche Invasion der Pensionäre, die nach dem harten amerikanischen Arbeitsalltag hier ihren Lebensabend genießen wollen. Ihnen allen bot und bietet Florida eine neue Chance und eine neue Heimat, und das hat sich über die Jahrhunderte nicht geändert.

Die Everglades – das Ende des Gleichgewichts

Von oben betrachtet ist alles ganz einfach zu begreifen. Das Satellitenbild zeigt den Südteil Floridas, den Lake Okeechobee, die Everglades und die Keys. Pat Tolle, Medienbeauftragte des Everglades Nationalparks, erklärt die Probleme des Naturschutzgebietes, die sich aus dem Satellitenfoto erschließen. Die Everglades sind ein

Ihre typische rosa Färbung bekommen die Flamingos von den Krebsen, die sie fressen. In den Lagunen Floridas finden sie diese Nahrung im Überfluß.

langsam fließender, über 50 Kilometer breiter, aber nur wenige Zentimeter tiefer Fluß, der die vier Höhenmeter vom Lake Okeechobee in den Nationalpark herunterfließt, bis sich das Wasser schließlich nach jahrzehntelanger Reisezeit in die Florida Bay ergießt. Doch die Zuckerrohrfelder des Palm Beach County, auf dem Foto als regelmäßige Rechtecke zu erkennen, versperren ebenso den Weg wie die Highways Alligator Alley und Tamiami Trail. Diese durchqueren die Everglades in Ost-West-Richtung und wirken wie gigantische Staumauern. Das Hauptproblem des Parks? »Wasser, Wasser und noch mal Wasser.«

Das ist einleuchtend, denn wie soll der Nationalpark seine Existenz als Feuchtgebiet sichern, wenn er doch nur die Flußmündung umfaßt, nicht aber die Quellgebiete. Das treffendste Bild dafür gebrauchte ein Journalist: »Man kann nicht den Kopf abhacken und erwarten, daß die Füße weitertanzen.« Deshalb hängt die Erhaltung dieses einzigartigen Ökosystems von denen ab, die das Wasser verteilen, dem South Florida Water Management District Board. »Wir brauchen das Wasser zum richtigen Zeitpunkt, in der richtigen Menge und in der richtigen Qualität«, so heißt es im Park. Die Vegetation im Everglades Nationalpark steht in einem weitverzweigten Lebenszusammenhang mit seiner Umgebung. Als das scheinbar nutzlose Feuchtland wirtschaftlich erschlossen werden sollte, da geschah dies durch eine Kontrolle des Wasserhaushalts. Dieser Eingriff, die Beherrschung einer einzelnen Größe in dem gesamten Ökosystem Everglades, droht nun dem Nationalpark ein unrühmliches Ende zu bereiten. Dort gerät eine vielfältige und voneinander abhängige Pflanzen- und Tiergemeinschaft aus ihrem komplexen und äußerst empfindlichen Gleichgewicht. Bedroht wird dadurch eines der letzten Rückzugsgebiete für anderswo beinahe ausgestorbene Tierarten, wie zum Beispiel den Puma und das amerikanische Krokodil, ein Verwandter des Alligators.

Ursache für die heutige Situation ist die Einstellung. daß nur wirtschaftlich nutzbares und bewohnbares Land gutes Land sein kann. In Florida gibt es von jeher Wasser im Überfluß. Es störte die ersten Siedler allerdings, daß es auch dort war, wo sie ihre Anbau- und Weideflächen haben wollten. Bereits 1848 lag mit dem Buckingham Smith Report ein erster Bericht vor, der sich mit der Problematik der Entwässerung und der Wasserkontrolle beschäftigte und der zu dem Ergebnis kam, daß eine Umsetzung unmöglich sei. Gleichwohl dienten Teile des Berichts den Befürwortern der Entwässerungspläne als Grundlage für ihre Arbeit. Schließlich sprachen sich die Militärs und Lokalpolitiker für die Erschließung neuer Siedlungsflächen aus. Die Militärs waren der Meinung, daß ein bewohntes Florida leichter zu verteidigen sei als ein unbewohntes, die Lokalpolitiker sahen den möglichen wirtschaftlichen Aufschwung. So ist Südflorida heute von einem Netz von Kanälen durchzogen, die in Maßen die Naturgewalt des Wassers regulieren können. Wenn aber Ackerflächen eine Überschwemmungskatastrophe droht und die Regelmechanik überfordert ist, dann dient der Nationalpark als Gully für das überschüssige Wasser. Wenn die Niederschläge ausbleiben, wird das Wasser zurückgehalten und dadurch dem Park vorenthalten.

Auf lange Sicht bedeutet diese Praxis die Austrocknung des Geländes. Denn die Wassermenge, die früher allein die Everglades versorgte, wird heute auch zur Bewässerung von landwirtschaftlichen Nutzflächen benötigt, und sie deckt zudem den Bedarf der Millionenbevölkerung von Palm Beach über Miami bis nach Key West. Zwar wurde bereits im Jahr 1970 dem Nationalpark eine bestimmte Mindestmenge an Wasser zugebilligt, aber man wußte damals noch nicht, daß auch der Zeitpunkt der Wasserzufuhr und die Qualität des Wassers von gleichrangiger Bedeutung sind.

Die Landerschließung in den angrenzenden Gebieten wirkt sich auf den Park in vielfältiger Weise aus. Die Tier- und Pflanzengemeinschaften sind auf den Jahreszeitenwechsel eingestellt, mit dem auch eine Veränderung des Wasserpegels einhergeht. Wo bereits einige Zentimeter Unterschied im Bodenniveau den Pflanzenbewuchs total verändern, hat der Verlust des Jahreszeitenrhythmus extreme Folgen für das empfindliche Ökosystem. Die «Sawgrass Prairie» (Schilfgras-Prärie) bedeckt den größten Teil der Landschaft. Sie besteht aus Gräsern, die auf dem nährstoffarmen, mit einigen Zentimetern Wasser bedeckten Kalkboden wachsen und gab den Everglades ihren indianischen Namen Pa-hay-okee, »River of Grass« (Fluß aus Gras). In kleinen *sinkholes*, Einbruchslöchern im ausgewaschenen Kalkstein, stehen die feuchtigkeitsliebenden *bald cypresses*, kahle Zypressen. Auf nur ein bis zwei Meter hohen, trockeneren Erhebungen gibt es lichten Pinienwald oder ein Dickicht aus Tropenpflanzen, *hammock* genannt. Die Tiere haben sich darauf eingestellt, daß während des Winters große Teile des Feuchtlandes austrocknen. In den verbleibenden Wasserlöchern drängen sich Fische, Alligatoren, Schildkröten und verschiedenste Vögel: Reiher, Ibisse und der eigenartige Anhinga, der mit ausgebreiteten Schwingen in der Sonne sein Gefieder trocknet. Die radikalen Veränderungen des Lebensraums im Wechsel der Jahreszeiten sind bestimmende Faktoren für das Gleichgewicht zwischen den verschiedenen Tierarten, sie regeln Nahrungsangebot und Populationsstärke der einzelnen Tierarten. Wie leicht dieses Gleichgewicht zu stören ist, mußten die Biologen erfahren, als durch ein künstliches Hochwasser über 80 Prozent der Alligatorenbrut eines Jahrgangs vernichtet wurde. Nachdem starke Regenfälle um den Lake Okeechobee die Felder Süd-

In manchen Naturschutzgebieten und auf Tierfarmen werden Alligatoren vorgeführt. Diese trägen Kaltblüter aktiviert man am besten bei der Fütterung.

Zwischen den dicht wachsenden Pflanzen im Sumpfbereich von Wakulla Springs ist der Alligator fast nicht zu erkennen. Er warnt mit Zischlauten, wenn man ihm zu nahe kommt.

floridas zu überschwemmen drohten, öffnete man alle verfügbaren Schleusen. Daraufhin ergoß sich die gesamte Wassermenge einer längeren Regenperiode in kürzester Zeit in den Nationalpark.

Ein weiteres Problem ist die Wasserqualität. Durch die starke Düngung der landwirtschaftlichen Flächen, ohne die eine Bewirtschaftung unmöglich wäre, werden ausgeschwemmte Nitrate, aber auch Giftrückstände von Pflanzenschutzmitteln in die Everglades geleitet. Dies führt zur dramatischen Veränderung der ursprünglichen Flora; die an nährstoffarme Böden angepaßten Pflanzen werden verdrängt. Die Biologen beobachten, wie die Front ortsfremder Flora sich immer weiter nach Süden bewegt. Und sie glauben, daß es nur noch eine Frage der Zeit sei, bis diese Entwicklung auch den Nationalpark erfasse.

Bei einem Besuch des Parks sind die geschilderten Probleme nicht auf den ersten Blick zu sehen, da diese ungewohnte Landschaft nach einem gut geschulten Blick verlangt.

Noch gibt es eine reiche Tierwelt mit etwa 350 Vogelarten und Dutzenden verschiedener Reptilien und Säugetiere zu bewundern. Viele davon sind aber vom Aussterben bedroht. Der Miami Herald berichtete im Oktober 1989, daß seit 1930 etwa 90 Prozent der Watvögel verschwunden sind. Die Ranger und die Wissenschaftler machen als Anwälte der Natur auf das stille Sterben aufmerksam, das keineswegs nur durch die langsame Austrocknung verursacht wird. In den Parks und Gärten der Wohngebiete werden zur Zierde viele Tropenpflanzen gepflanzt, wie ein Nationalpark-Ranger erzählt. Da gebe es beispielsweise den Melaleucabaum aus Brasilien, der vor allem das Big Cypress National Preserve an der Nordwestgrenze des Parks bedrohe. »Wir wissen nicht, wie wir die Ausbreitung verhindern sollen. Wenn der Baum gefällt wird, wirft er Samen ab, wenn er verbrannt wird, wirft er Samen ab, wenn er ausgegraben wird, wirft er Samen ab.«

Da die Gefährdung des Parks von außen kommt, gehen auch die Naturschutzaktivitäten in diese Richtung. Zum einen wird versucht, die zahlreichen Besucher mit dem weltweit einmaligen Naturraum vertraut zu machen: »Wenn die Leute erkennen, welche Bedeutung die Everglades haben, sind sie auch bereit, etwas für ihren Erhalt zu tun«, meinen viele Ranger hier. Zum anderen sollen die politisch Verantwortlichen auf juristischem Weg in die Pflicht genommen werden. Die Interessenabwägung zwischen Landwirtschaft, Städten und Ortschaften sowie dem Naturschutz wird eine politische Entscheidung sein.

Die Erhaltung einer einzigartigen Naturlandschaft

Von oben betrachtet ist alles ganz einfach zu begreifen. Die einmotorige Cessna hat gerade von der Startbahn des Homestead

Airport abgehoben, einem kleinen Provinzflugplatz am Ostrand des Nationalparks. Deutlich sind die riesigen Gemüsefelder zu sehen, die bis an die Everglades reichen. Vor wenigen Jahrzehnten war dies noch Feuchtlandschaft. Der Blick nach Osten zeigt bis zur Atlantikküste kein Stück Land, das nicht durch Landwirtschaft, Gewerbe- oder Wohngebiete erschlossen wäre.

Die Maschine dreht nach Westen. An Bord ist der Biologe Sonny Bass, der einen seiner Überwachungsflüge durchführt. Ausgerüstet mit Richtungsantennen, die unterhalb der Tragflächen montiert sind, und einem Funkempfänger, spürt er mittels Radiotelemetrie einigen Pumas nach – die Everglades sind das letzte Rückzugsgebiet dieser Tiere im Osten der USA. Bass schätzt, daß es viel mehr als 30 bis 40 Exemplare sein dürften. 13 Tiere hat der Biologe mit Halsbändern versehen, in denen sich Sender befinden, um die Tiere jederzeit wieder aufspüren zu können. Damit ist es möglich, das Wander- und Jagdverhalten sowie die Lebensgewohnheiten der Pumas zu studieren. Nach drastischen Budgetkürzungen ist das jedoch nur noch eine theoretische Möglichkeit. Von den Ergebnissen erhofft sich Bass dennoch, ein Programm zur Erhaltung der letzten Pumas entwickeln zu können. Viele der Tiere seien durch Vergiftung mit Quecksilber in einem sehr schlechten Zustand. Außerdem gebe es durch Inzucht Probleme mit Erbkrankheiten. In einer solch kleinen Gruppe seien genetische Schäden vorprogrammiert, man hoffe aber durch Auswahl der gesündesten Tiere zu Zuchtzwecken weitere Schäden verhindern zu können.

Unter uns liegen nun die eigentlichen Everglades. Nur gegen das Licht blitzt das Wasser zwischen dem Riedgras hervor. Deutlich sind die Grenzen des Schutzgebietes zu sehen, denn dort haben extrem flache Airboats mit Propellerantrieb Kanäle in die Graslandschaft gefräst. Auf den etwas erhöhten Hammock-Inseln gibt es vereinzelt *chickees*, die traditionellen Wohnhäuser der Indianer. Dann schließlich überqueren wir den Tamiami Trail. Klar erkennbar ist der höhere Wasserstand nördlich des Straßendamms, der nur an einigen Schleusen das Wasser für den Nationalpark durchläßt. Dann eine riesige Betonpiste, eine Landebahn für Passagierjets, doch kein Terminal, keine Parkplätze, keine große Zubringerstraße. Hier sollte vor Jahren ein neuer Flughafen für Miami entstehen. Mitten in den Everglades war auch neues Siedlungsgebiet für Hunderttausende Menschen vorgesehen. In letzter Minute konnten sich die Anwälte der Natur durchsetzen, und heute wird die aufgegebene Piste nur zum Training von Piloten benutzt.

Gegenwärtig sollen die Reste der Everglades durch zusätzliche Schutzzonen erhalten werden. Opfer dafür müssen jedoch fast ausschließlich die Indianer bringen, die jahrzehntelang im Einklang mit der empfindlichen Natur gelebt haben, heute aber mit Airboat-Touren für Touristen ihr Geld verdienen. Es geht um die Erhaltung einer einzigartigen Naturlandschaft, in der tropische und subtropische Pflanzen gleichermaßen zu finden sind, die den Zugvögeln als Rastplatz dient und die mit ihrer Artenvielfalt eine unersetzbare genetische Datenbank für die Zukunft ist. Von oben betrachtet sind die Bedürfnisse der Natur einfach zu erkennen. Aber die Probleme müssen dort unten gelöst werden – das ist wesentlich komplizierter.

Alltag im All

Der 28. Januar 1986 ist der Tag, über den im John F. Kennedy Space Center niemand gerne reden mag. Es war nicht nur eine menschliche Tragödie, als vor den Augen von Angehörigen und Zuschauern sieben Astronauten bei der Explosion der Raum-

Wakulla Springs liegt südlich der Stadt Tallahassee. In diesem Naturschutzgebiet sind nur kleine Bereiche unter der Führung von Rangern für Besucher zugänglich.

Dieser Fischer steht in der Brandung und hofft, daß ihm die rauhe See einen Fisch an den Haken bringt. Im Hintergrund zeichnet sich im leichten Dunst die Silhouette der Stadt Daytona Beach ab.

fähre Challenger ums Leben kamen. Denn als sich 73 Sekunden nach dem Start der Feststoffraketen der Treibstofftank in einen todbringenden Feuerball verwandelte, versetzte dieses Unglück dem Glauben an die Allmacht der Technik einen herben Schlag und erschütterte das Selbstbewußtsein der Nation. Vielen Amerikanern, bislang davon überzeugt, die führende Macht in der Weltraumfahrt zu sein, wurde schmerzhaft bewußt, daß die Eroberung dieses neuen Lebensraums nicht mit der gleichen Selbstverständlichkeit und dem gleichen Tempo angegangen werden kann, wie die Erschließung des Kontinents während der amerikanischen Pionierzeit.

Von Anfang an wurde die bemannte Raumfahrt in den USA von dem Gedanken getragen, die Grenzen der USA nun auch in die dritte Dimension auszudehnen. Im Zeitalter des Kalten Krieges betrieb man in der Raumfahrt die technologische Aufrüstung mit glühendem Eifer und hohem finanziellen Einsatz. Die Amerikaner träumten davon, den ersten Menschen auf den Mond zu bringen und die Raumfahrt zu etwas Alltäglichem zu machen. Den ersten Traum verwirklichten sie mit dem Apollo-Programm der sechziger Jahre, der zweite sollte mit dem Spaceshuttle-Programm der achtziger Jahre erfüllt werden.

Das riesige Gelände des Raumfahrtzentrums am Cape Canaveral trägt nicht umsonst den Namen John F. Kennedys. Als sich am 5. Mai 1961 Alan Shepard mit seiner Mercury-Kapsel als erster Amerikaner für Minuten in den Weltraum katapultieren ließ, hatte der Sowjetrusse Juri Gagarin zwei Wochen zuvor als erster Mensch im Weltall bereits die Erde umrundet. Den Amerikanern standen nur relativ kleine Redstone-Raketen zur Verfügung, die zuverlässig genug waren, um auf ihre Spitze eine Weltraumkapsel mit einem Astronauten montieren zu können, aber nicht groß genug für einen richtigen Raumflug. Das konnte Präsident Kennedy nicht davon abhalten, den ersten Weltraumflug eines Amerikaners zum Anlaß zu nehmen, optimistische Zukunftsvorstellungen zu entwickeln. Bereits am Ende des Jahrzehnts würden die USA Menschen auf den Mond und zurückbringen, prophezeite er. Und Kennedy behielt recht, obwohl es 1961, als er seine Vorhersage machte, noch keine Ansätze für eine Technik gab, mit der dieser Traum 1969 verwirklicht werden konnte.

Die Geschichte der Raumfahrt

Amerikas Weg zum Mond begann 1949. In diesem Jahr bestimmte Präsident Harry S. Truman das Gebiet des heutigen Raumfahrtzentrums am Cape Canaveral zum Testgelände für Raketenversuche.
Wissenschaftler aus Deutschland waren als »Kriegsbeute« des Zweiten Weltkriegs maßgeblich an der Entwicklung der eigentlich als Waffenträger geplanten Rakete beteiligt.

Am 31. Januar 1958 brachte eine Juno-I-Rakete den Explorer I ins Weltall, als »Amerikas (und der freien Welt) ersten Satelliten«, wie stolz vermerkt wurde, aber erst vier Monate nach dem sowjetischen Sputnik.

Am 7. Oktober 1958 wurde die NASA (National Aeronautics and Space Administration, Nationale Behörde für Luft- und Raumfahrt) gegründet. Es wird gern betont, daß dies der Anfang der zivilen Raumfahrt gewesen sei, aber die personelle Zusammensetzung aus Militärs und Zivilpersonen zeigte schon früh eine merkwürdige Zwitterstellung der NASA. Viele Astronautenkarrieren begannen bei der US-Luftwaffe, und noch heute sind es die Militärs, die den Startrampen großzügige Sicherheitszonen zumessen, wenn der Start eines Shuttle nicht rein zivilen Zwecken dient.

Raumfahrtzentrum Cape Canaveral

Drei magische Namen – Mercury, Gemini und Apollo – sind es, die die meisten Besucher nach Cape Canaveral locken. Sie stehen für die Weltraumprogramme der sechziger und frühen siebziger Jahre.

Die Materialschlachten, die geschlagen werden mußten, um einige Tonnen überlebenswichtiger Technik und Treibstoff fast 400 000 Kilometer ins Weltall hinauszukatapultieren, liefern die spektakulären Ausstellungsstücke: Turmhohe Raketen und winzige Raumkapseln, in denen bis zu drei Männer tagelang ausharren mußten.

Wer zum ersten Mal vor einer Mercury-Kapsel steht, ist entweder enttäuscht oder entsetzt: kaum mannshoch, wie aus Wellblech genietet; ein Gehäuse, das durch seine Winzigkeit und Enge Beklemmung hervorruft. Erst die Gemini-Kapseln für zwei Astronauten und die Apollo-Kapseln, in denen drei Platz hatten, lassen die komplizierte Technik erkennen, die hinter den Großprojekten der bemannten Raumfahrt steht.

Auf dem Freigelände des Raumfahrtzentrums hat man dann den genau entgegengesetzten Eindruck. Hier dominiert Größe. Die Mondrakete Saturn V liegt neben dem gigantischen Vehicle Assembly Building (Montagegebäude für Raumfahrzeuge); sie ist etwa so hoch wie die Türme gotischer Kathedralen. Das Verhältnis der gigantischen Konstruktion zum kleinen Laderaum zeigt, welch ein materieller und technischer Aufwand nötig war, um drei Menschen zum Mond zu bringen.

Noch fünfmal betraten amerikanische Astronauten den Mond, nachdem am 21. Juli 1969 Neil Armstrong als erster Mensch den Anfang gemacht hatte. Der Traum war verwirklicht, und endlich waren die USA Sieger einer Etappe in dem Rennen um die Eroberung des Weltraums.

Eher halbherzig wurden in den siebziger Jahren die Folgeprogramme durchgeführt, das Weltraumlabor Skylab eingerichtet und durch das Kupplungsmanöver einer Apollo-Kapsel mit einem Sojus-Raumschiff im

Nicht immer ist der Himmel über Florida blau; vor allem im schwülwarmen Sommer bringen die Wolken nachmittags heftige Regenfälle.

Weltall Völkerverständigung demonstriert. Erst vom wiederverwendbaren Spaceshuttle erwarteten sich viele wieder einen ähnlichen Erfolg wie vom Mondlandeprogramm. Der Raumgleiter sollte so etwas wie das Arbeitstier für den Aufbau des Lebens im Weltall werden. Vor allem sollte die Wiederverwendbarkeit des Spaceshuttle die gigantischen Materialschlachten mit den riesigen Trägerraketen beenden.

Die Technik erwies sich jedoch als kompliziert und äußerst störanfällig, die Nutzlast ist sehr viel geringer als die der älteren Trägerraketen. Und heute werden von den in der Planungsphase anvisierten etwa 60 Flügen im Jahr inzwischen nicht einmal mehr zehn Prozent durchgeführt.

Dann machte die Challenger-Katastrophe die Mängel des Systems auf tragische Weise sichtbar, und auch dem Ruf der NASA schadete sie schwer. Daraufhin flossen die Gelder nicht mehr so großzügig.

Mitte der neunziger Jahre ist die Situation in der Raumfahrt zwiespältig. Noch immer gibt es Tausende faszinierter Zuschauer bei jedem Start eines Raumtransporters. Unglaublich ist das Schauspiel, wenn in der Nacht die Kraft der Raketen einen Feuerschweif produziert, der selbst im mehr als 50 Kilometer entfernten Daytona Beach noch den Himmel erhellt. Aber gleichzeitig sind immer weniger Amerikaner bereit, einen derart hohen Preis zu zahlen. Von einem Flug zum Mars ist manchmal noch die Rede, aber niemand weiß heute, mit welchen Mitteln dieses Ziel ereicht werden soll, weder technisch noch finanziell.

Deshalb zeigt man auch im Raumfahrtzentrum von Cape Canaveral den Besuchern am liebsten die glorreiche Vergangenheit der amerikanischen Raumfahrt und wie der von John F. Kennedy formulierte Traum innerhalb von wenigen Jahre erfüllt wurde. Das ist eine von den Erfolgsgeschichten, wie man sie in den USA gerne hört.

Urlaub von der Wirklichkeit – Walt Disney World

Der Flughafen von Orlando ist kein gewöhnlicher Flughafen, auch wenn er auf den ersten Blick so aussehen mag. Hier gibt es mehr Familien mit noch mehr lebhaften Kindern als anderswo auf Flughäfen. Man sieht weniger Geschäftsleute mit Aktenkoffern in den Abfertigungshallen. Auch die Parkhäuser sind hier ein Stückchen größer als anderswo, und sie werden fast ausschließlich von den Wagenflotten der Autovermieter genutzt.

Das nächste ungewohnte Bild bietet sich dann auf dem Weg in die Innenstadt: Denn hier wälzt sich die übliche Autokolonne nicht vom Flughafen in die Stadt, sondern biegt nach einer Meile in Richtung Westen ab, weg von Orlando, denn westwärts liegt das gelobte Land der Unterhaltungsindustrie, das Magic Kingdom von Walt Disney World, das Zauberreich, wo Kinderträume, Phantasie und Geschäftssinn zu einer wunderbaren Einheit verschmelzen.

Walt Disney wollte, daß die Besucher seiner Parks die Welt vergessen, in der sie leben. In Walt Disney World wurde dieser Grundsatz ihres Schöpfers ins Gigantische gesteigert und perfektioniert. Es sollte, wie der Name verrät, eine eigene Welt für sich werden. Heute gibt es nicht nur das 1971 eröffnete Magic Kingdom, das von den Geschöpfen der Zeichentrickfilme bevölkert wird. Im Jahr 1982 wurde die Zukunftswelt des EPCOT-Center eröffnet. In den MGM-Studios von Orlando können die Besucher seit 1989 in Filmwelten eintauchen.

Walt Disney World ist heute eine komplette Ferienwelt, die neben den drei Themenparks die dazu passenden Hotels und Freizeitanlagen bietet. Wer den Weg in diese Kunstwelt gefunden hat, die mit ihren 115 Quadratkilometern die Fläche einer Großstadt einnimmt, für den werden die meisten Regeln des amerikanischen Alltags außer Kraft gesetzt. Hier angekommen braucht man kein Auto mehr, hier gibt es keinen Konkurrenzkampf, hier sind alle Menschen freundlich. Wer sich täglich in der Leistungsgesellschaft durchboxen muß, kann sich hier umsorgen lassen.

In dieser Phantasiewelt muß niemand mehr Entscheidungen treffen oder Verantwortung tragen. Hier braucht man nicht den Erlebnissen nachjagen, hier werden sie problemlos präsentiert. Einzige Voraussetzung für die Erfüllung des Traums vom sorgenfreien und ereignisreichen Leben: Geld.

Wie zugkräftig dieser Traum ist, zeigt die Erfolgsbilanz von Walt Disney World. Über 350 Millionen Besucher kamen in den ersten zwei Jahrzehnten, weit mehr, als die USA Einwohner haben, im Tagesdurchschnitt etwa 50 000. Es gibt kaum Floridabesucher, die nicht hierher kommen. Dabei sind die Themenparks nüchtern betrachtet nichts anderes als riesige Jahrmärkte, mit ausgefeilten Attraktionen, die nach dem Geisterbahn-, Achterbahn- oder Showprinzip funktionieren. Das allein kann die Faszination nicht ausmachen. Es ist vielmehr die Tatsache, daß man sich hier in einer abgeschlossenen Welt befindet, aus der die Probleme des Alltags ausgesperrt sind.

Perfekte Organisation

Dabei muß aber auch im Wunderland Alltägliches erledigt werden. Tausende von Autos müssen reibungslos zu den Parkplätzen geleitet werden. Binnen Minuten haben die Helfer ganze Wagenkolonnen säuberlich in Reihen auf dem großen Parkplatz angeordnet. Wer sich seinen Standort nicht merkt, hat wohl kaum eine Chance, sein Auto jemals wiederzufinden.

Unterkünfte, Verpflegung und Energieversorgung sowie die gesamte Organisation müssen so unauffällig funktionieren, daß

Ein Mississippi-Dampfer neben Cinderellas Schloß: Möglich ist das nur im Magic Kingdom von Walt Disney World.

Im Magic Kingdom von Disney World (links) säumen bonbonfarbene Häuser die »Traumstraßen«.

Die Sunshine Skyway Bridge, Anfang der fünfziger Jahre entstanden, überspannt mit einer Länge von 18 Kilometern den Eingang zur Tampa Bay.

sie in der Phantasiewelt nicht stören. Was unvermeidbar in der Öffentlichkeit zu geschehen hat, bekommt wenigstens eine bunte Fassade. Auf den Zufahrtsstraßen stammen selbst die Straßenschilder aus den Disney Studios.

Aus dem Wald ragt ein 1500-Zimmer-Hotel. So, als ob ein Riese hier seine Spielsteinchen vergessen hätte, fügen sich die Baukörper des Hotels aneinander. Verziert ist der Monumentalbau mit überdimensionalen Delphinen, die an Barockbrunnen erinnern. Mit Geschmack oder mit Stil läßt sich hier nicht mehr argumentieren, viel wichtiger sind Einmaligkeit und Unverwechselbarkeit. Etappenweise werden die Besucher von Helfer zu Helfer, von Station zu Station weitergereicht. Mit kleinen Zügen geht es vom Parkplatz zum Kassenschalter, mit der Hochbahn oder mit Mississippi-Dampfern zu den Themenparks. Es ist egal, welchen Park sich die Besucher aussuchen, sie betreten Welten, die zwar unterschiedlich aussehen, aber alle nach den gleichen Regeln funktionieren. Ob sie nun Cinderellas Schloß im Magic Kingdom, die Aluminiumkuppel des EPCOT-Centers oder den Hollywood-Boulevard der MGM-Studios vor sich haben, es ist alles darauf eingerichtet, ein Riesenangebot zu präsentieren. Nur zwei Dinge werden verlangt: Man muß sich von Attraktion zu Attraktion weiterbewegen und man braucht Geduld bei eventuellen Warteschlangen. Die Akteure, die dann die Besucher unterhalten, verlangen als Gegenleistung nicht menschliche Zuwendung, sie brauchen nur ab und zu ein Tröpfchen Öl oder einen neuen Steuerungschip. Disneys Phantasiewelt ist dabei allerdings fest in der Wirklichkeit verankert. Das Dörfchen Lake Buena Vista, das seit der Eröffnung der Anlage seine Einwohnerzahl um mehrere 1000 Prozent vervielfacht hat, dient als Hauptstadt von Disney World. Um organisatorisch alle Fäden in der Hand halten zu können, von der Energieversorgung bis zur Müllabfuhr, von der Wasserversorgung bis zur Kanalisation, hat Disney World nämlich den Status einer eigenen Kommune. Auch das ist einmalig.

Welt der Abenteuer

Mit viel Aufwand lassen sich die Besucher ein Leben vorgaukeln, das nur aus Abenteuern und Höhepunkten besteht. Unversehens kann man hier in den Kanonenhagel eines Seegefechts geraten, Bären machen Musik oder ein ganzes Haus fängt zu singen an – im Magic Kingdom ist das möglich.
Im EPCOT-Center kann man Reisen durch den menschlichen Körper unternehmen oder von einem Kontinent zum anderen spazieren. Und hier findet es auch niemand befremdlich, wenn der Fahrer eines Rundfahrtbusses stolz verkündet: »Meine Damen und Herren, links sehen sie Italien.« Auf Pleasure Island, der Nachtklubinsel für Erwachsene, wird jeden Abend Silvester gefeiert. Warum eigentlich nicht?
Auf dem Gelände von Walt Disney World herrscht ein Überangebot an Unterhaltung, das alle Wünsche befriedigen soll. Die Reizfülle dieser drei großen Themenparks entspricht freilich kaum der europäischen Vorstellung von Erholung. Hier bedeutet Erholung die Befreiung vom Erwartungsdruck. Der Alltag wird gegen eine Phantasiewelt ausgetauscht, die nach einem einfachen Gesetz funktioniert: Die Besucher sind überall dabei. Und das kann anstrengend sein. Ein schottischer Familienvater hat seine eigene Version davon was EPCOT bedeutet: »**E**very **p**erson **c**omes **o**ut **t**ired.« (Jeder kommt erschöpft heraus.)

Key West – eine Nische für Lebenskünstler

Etwa 50 Meilen südlich von Miami beginnt die seltsamste Straße der Welt. Dort biegt die A-1 nach Key Largo ab, um dann abwechselnd über schmale flache Inseln und niedrige Stelzenbrücken mitten aufs Meer hinauszuführen. Aber manchmal, wenn die Brücken einen Bogen in die Höhe beschreiben, um unter sich die Schiffe durchzulassen, scheint die Fahrt ins Nichts zu führen. Nur der höchste Punkt der Brücke ist noch zu sehen und dann der blaue Himmel. Links und rechts der Straße gibt es keine Orientierungspunkte, nur Wasser oder in der Distanz einen kleinen grünen Streifen, der ein Inselchen markiert. Gut zwei Stunden dauert die Fahrt von Key Largo nach Key West, dem Endpunkt der etwa 100 Meilen langen Strecke.
So unwirklich wie die Fahrt ist auch die Atmosphäre in dem ehemaligen Piratennest. Die Zeiten sind freilich vorbei, in denen Key West in der Mitte der Neuen Welt lag und später als Brückenglied zwischen Kontinent und Karibik diente. Seit der kommunistischen Revolution auf Kuba 1959 ist die A-1 eine gigantische Sackgasse und Key West der Außenposten der USA. Seitdem gibt es nur noch für das Militär, das hier schon seit dem 19. Jahrhundert einen

Die Architektur auf den Keys verbindet Elemente des neuenglischen Holzhauses mit den umlaufenden Veranden, wie sie aus der Kolonialarchitektur der Karibik bekannt sind.

Jahrmarkt der Eitelkeiten: Vor allem während der »spring breaks« – der Frühlingsferien – wird der Strand von Daytona Beach zum beliebten Treffpunkt der Collegestudenten.

Die Palmen kann man in vielen Teilen von Palm Beach nur im Vorbeifahren bewundern; das Parken ist für Ortsfremde verboten (rechts).

Stützpunkt hat, einen Grund, die Stellung zu halten. Die Conchs (nach einer Muschelart), die alteingesessenen Bewohner der Keys, können heute nicht mehr auf die traditionellen Wirtschaftszweige des *wrecking* (das Aufbringen von in Seenot geratenen Schiffe), des Schwammtauchens, der Zigarrenherstellung oder der Konservenindustrie bauen. Entweder wurden die Betriebe von Rohstofflieferungen abgeschnitten oder der Fortschritt hatte sie überflüssig gemacht.

Um etwas zu verdienen, pflegt man heute das gedeihliche Zusammenleben mit Besuchern, die das Geld und die richtige Laune mitbringen. Natürlich weist die Tourismusbranche auf die Sehenswürdigkeiten hin, von denen das Haus des Schriftstellers Ernest Hemingway, der einst sechs Jahre hier lebte, den Rang einer Pilgerstätte hat.

Natürlich gibt es die einmaligen, gemütlichen Holzvillen mit den Dachveranden, die kleine Zigarrenfabrik in der Altstadt, den Leuchtturm und ein Fort. Aber der Hauptgrund für die Besucher, die sich an Wochenenden in Autokolonnen von Miami nach Key West bewegen, sind die Bars, die *sunset celebration* (Sonnenuntergangsfeier) und das freie Leben hier.

Die große Show am Pier

In Key West spielen sich Szenen ab, die im sonst so prüden Amerika unvorstellbar wären. Etwa zwei Stunden vor Sonnenuntergang machen sich Darsteller und Besucher der *sunset celebration* auf den Weg zum Hafen. Dort will man gesehen werden und zeigen, was man kann. Dort wird mit Taschenspielertricks und Musik, mit Astrologie und Akrobatik, mit dem Verkauf von Selbstgebackenem und von Lebensphilosophie das notwendige Geld verdient. Manche der Besucher sind so ungewöhnlich wie diejenigen, die hier das allabendliche Spektakel veranstalten: Ein Sado-Maso-Damenpaar flaniert unter all den anderen Gästen auf und ab. Die eine trägt Peitsche, Lederkopfmaske und Nietengürtel, die andere ist mit einem schwarzen Korsett und mit einem Halsband ausgestattet, an dem sie sich willig herumführen läßt. Eine kleine alte Frau, deren Kreuzfahrtschiff hier angelegt hat, tritt auf das Paar zu und fragt höflich, ob sie denn ein Foto machen dürfe. Die Bitte wird mit der gleichen Höflichkeit und Freundlichkeit gewährt.

Leute, die sich nie vorher gesehen haben, sitzen am Pier und versuchen, in Gesprächen die Weltprobleme zu lösen. In den engen Straßen der Altstadt sind Fahrrad oder Motorroller das beste Fortbewegungsmittel, die Fahrer können Landstreicher, Lebenskünstler, Geschäftsleute sein.

Statussymbole wie Kleidung und Auto sind in Key West bei weitem nicht so wichtig wie auf dem Festland. Deshalb leben die Bewohner hier mit den Touristen in einer engen Symbiose, jeder profitiert vom anderen. Wer als Besucher in Key West übernachtet, der kann es sich finanziell auch leisten, sich die Duval Street auf der klassischen Route Hemingways entlangzutrinken.

Sloppy Joe's und The Bull sollen – und wollen – die Stammkneipen des Schriftstellers gewesen sein. Doch auch andere Bars haben ihren Gästen genügend zu bieten. Die eine ist beispielsweise die älteste, die andere hatte den amerikanischen Dramatiker Tennessee Williams zu Gast, anderswo wieder ist die Live-Musik am besten.

In den zahlreichen Bars und auch am Pier lassen die Besucher ihr Geld, das die Conchs zum Leben brauchen. Dafür bietet man ihnen auch die Gelegenheit, sich auszutoben. Wem der Mut dazu fehlt, dem zeigen andere, zu welchen Verrücktheiten sie fähig sind. Man trifft hier auf braungebrannte Dudelsackpfeifer, die in Unterhemd und Kilt ihre Lieder spielen, auf einen Dompteur, der statt Löwen und Tigern zahme Hauskatzen durch einen Feuerreif springen läßt – für sie alle ist genügend Platz in Key West, und sie finden hier ein interessiertes Publikum.

Für die meisten endet dieser Traum vom freien Leben allerdings am Sonntagabend. Denn dann setzt sich die Autokolonne wieder in Bewegung und verläßt diese seltsame Insel, die wie ein Vergnügungsdampfer mitten im Meer vor Anker liegt.

Ein ungestörter Lebensabend

Ohne sie wäre das moderne Florida nicht denkbar. Sie bringen dem Staat enorme Einnahmen, sie kurbeln die Wirtschaft an, sie sind die Seele unzähliger Museen, sie engagieren sich im Naturschutz und versuchen ihre Erfahrungen an jüngere Generationen weiterzugeben: die *senior citizens* (Senioren). Für sie gibt es viele Bezeichnungen, die alle das Wort »alt« peinlich vermeiden. *Retired* ist ein Zauberwort, das den Rückzug aus dem Berufsleben bezeichnet und offen läßt, wann das war und in welchem Alter. In einer Gesellschaft, in der Tempo, Jugend und Leistungsfähigkeit alles bedeuten, denkt niemand gerne ans Älterwerden.

Seit in den dreißiger Jahren die Klimaanlagen erschwinglich wurden, gilt Florida als Rentnerparadies. Der Sommer läßt sich zum Frühlingslüftchen abkühlen und die Winter sind mild. Florida ist ein Steuerparadies für Pensionäre, außerdem waren ursprünglich die Lebenshaltungskosten hier niedrig. Es ist also die Mischung von praktischem Geschäftssinn und mystifizierendem Traum, die den *sunshine state* zum erhofften Paradies machen soll. Das Leben in Florida ist die verdiente Belohnung für eine jahrzehntelange Plackerei in der harten amerikanischen Arbeitswelt.

Für viele bedeutet der Ruhestand im wörtlichen Sinn nur noch Ausruhen, andere suchen sich Aktivitäten mit neuen Inhalten, und manch einer macht genau das, was niemand von ihm in seinem Alter erwartet.

Da gibt es 85jährige *easy rider*, die mit bloßem Oberkörper und Shorts ihre Harley Davidson auf den Strandpromenaden vorführen. Weißhaarige Studenten machen ihren Universitätsabschluß, für den ihnen der Beruf keine Zeit gelassen hat, andere stellen ihre Fähigkeiten in den Dienst der Gemeinschaft. Viele Museen müßten ohne diese ehrenamtlichen Helfer schließen. Mit großzügigen Spenden sichern Kulturfreunde den Bestand von Kunstsammlungen und Theatern, gleichzeitig sind sie auch deren zuverlässigstes Publikum.

In Naturschutzgebieten arbeiten sie als Ranger, sie bilden Ortsgruppen der *coast guard* (Küstenwache), oder sie gehen in die Politik, um für ihre Altersgruppe ein Mitspracherecht durchzusetzen.

Die Schattenseiten des Altwerdens sind in Florida weniger augenfällig als anderswo. Hinter den Schutzmauern der *neighbourhoods* (wörtlich: Nachbarschaft, sinngemäß: Wohnviertel) bleiben viele am liebsten unter sich und kapseln sich vom öffentlichen Leben ab, das ihnen immer mehr als Bedrohung erscheint.

Diese Viertel sind meist Bestandteil neuer *communities* (Gemeinden), die auf dem Reißbrett entstanden sind. Die Orte sollen alles bieten, was ihre Bewohner wünschen könnten. Vom Supermarkt bis zur Apotheke, von der Bücherei bis zum Gemeindehaus mit Swimmingpool, vom Krankenpflegedienst bis hin zum Ärztezentrum. Die Bedürfnisse der Bewohner sind berechenbar, weil Pläne und Preise solcher Siedlungen ein bestimmtes Publikum anziehen.

Weil ihre Bewohner unter sich bleiben wollen, sind viele der *neighbourhoods* mit Mauern, Zäunen oder Büschen nach außen abgegrenzt, manchmal wachen Pförtner an der Zugangsstraße und klären, ob Besucher auch wirklich eingeladen sind.

Während die Dramen innerer Leere, die sich bei vielen Bewohnern solcher Siedlungen abspielen, den meisten verborgen bleiben, ist die Armut öffentlich. Früher war Süd-Miami mit den einfachen Pensionen und Hotels ein beliebtes Wohngebiet. Seit Geschäftsleute, Trendsetter und Schickeria den Art Deco District entdeckt haben, wurden Gebäude abgerissen oder renoviert; die Preise stiegen. Viele der Alten, die hier wohnten, konnten sich die neuen Mieten nicht mehr leisten und mußten ausziehen. In den USA ist die Altersvorsorge in der Regel Privatangelegenheit. Die Rücklagen der Rentner reichen nicht immer aus, um mit dem Tempo der Preissteigerung mitzuhalten. Wer den Blick nicht verschämt abwendet, der kann gerade in Miami Alte sehen, die in abgetragener Kleidung Abfallkörbe nach Verwertbarem durchsuchen.

Lebenslust und Lebensfrust liegen auch für die Ruheständler in Florida sehr dicht zusammen. Wie in den anderen Staaten der USA auch hängt alles von der Menge des Geldes ab, das die Umsiedler mit in ihre neue Heimat bringen. Je teurer die Siedlungen sind, um so besser lassen sich die Bedrohungen des Alltags ausschließen. In den Nobelvierteln von Naples, Fort Myers oder New Port Richey fällt jeder Ortsfremde sofort auf. So läßt sich leicht eine niedrigere Kriminalitätsrate erkaufen.

Durch ihre Zuwanderung haben die Pensionäre viel bewegt. Schon heute hat Florida eine Bevölkerungs- und Wirtschaftsstruktur, wie sie die anderen Staaten erst in etwa zwei Jahrzehnten erwarten. Neben der Bauindustrie und dem Tourismus ist das Gesundheitswesen inzwischen der größte Wirtschaftszweig in Florida. Das moderne Florida ist eine Dienstleistungsgesellschaft, wie sie in anderen Industriestaaten noch Zukunftsvision ist. Es klingt paradox, aber es sind zweifellos die Alten, die aus Florida einen jungen Staat gemacht haben.

Patriotische Gesten gehören in den Vereinigten Staaten zum Geschäft: In Cypress Gardens bilden die Wasserskifahrer im Sternenbannerkostüm die Nationalflagge nach.

37

Orlandos Church Street Station ist mit seinen vornehmen Boutiquen, Restaurants und Nachtklubs ein nobles Einkaufs- und Unterhaltungszentrum. Dieses historische Ensemble stammt noch aus der Pionierzeit Floridas um die Jahrhundertwende.

In Walt Disney World sind die Phantasiewelten des Films Wirklichkeit geworden. Auch Mann's Chinese Theatre, das berühmte Premierenkino Hollywoods, ist hier nachgebaut worden.

© THE WALT DISNEY COMPANY

Natur und moderne Technik sind in Florida ein häufig anzutreffender Kontrast. Das kräftige Grün der Palmen belebt die futuristische Kuppel des EPCOT-Center bei Orlando.

Das Cinderella-Schloß (oben) bildet das Zentrum von Walt Disney Worlds bekanntestem Themenpark, dem Magic Kingdom. Hier ist auch Amerikas wichtigster »Steuerzahler«, Mickey Mouse, zu Hause (links).

© THE WALT DISNEY COMPANY

Im Magic Kingdom erhalten Besucher Einblick in das »Privatleben« der Trickfilmhelden. Das Auto von Mickey Mouse steht schon abfahrtbereit vor der Garage.

Glamour und Glitzer gehören in Florida einfach dazu. Der alte Chevrolet ist im Automuseum von Silver Springs ausgestellt.

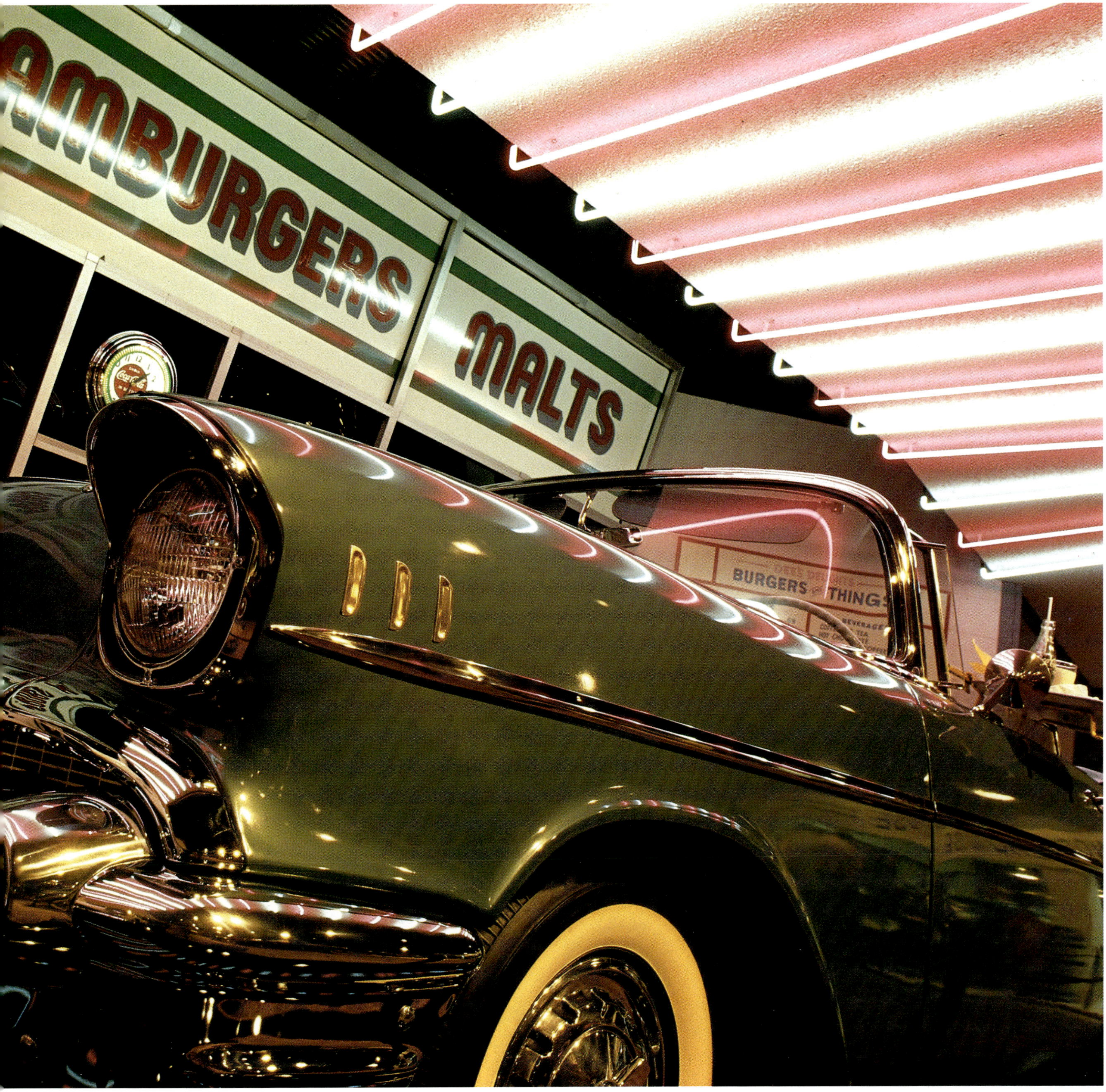
AMBURGERS
MALTS
BURGERS
THINGS

Vieles sieht nur alt aus in St. Augustine. Die Reklameschilder sind ein deutlicher Hinweis darauf, daß sich Geschichte gut vermarkten läßt.

Heute tragen Fremdenführer in St. Augustine die Kleidung aus der Kolonialzeit, um den Besuchern der historischen Gebäude ein lebendiges Bild vom Alltag jener Epoche zu vermitteln.

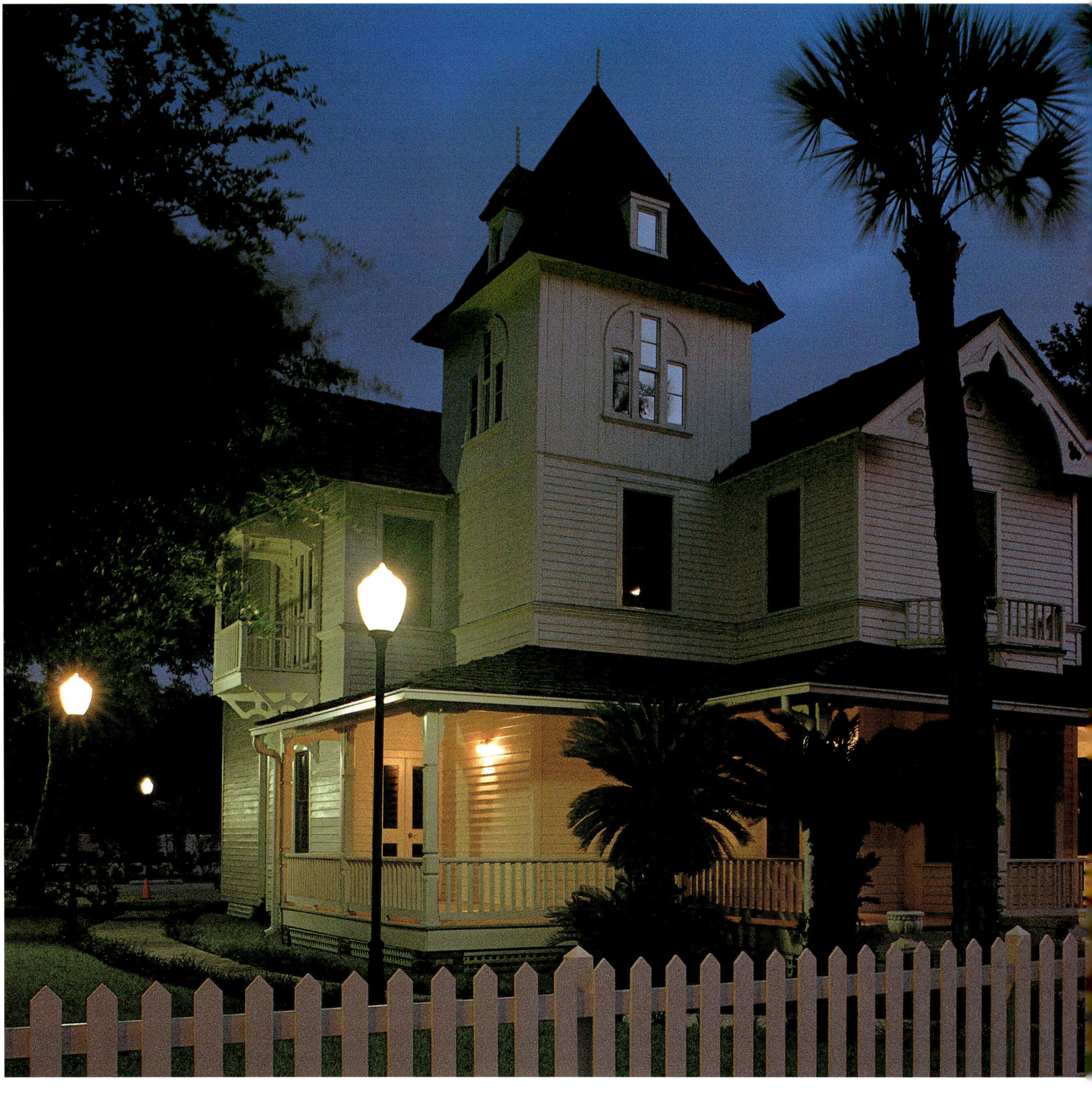

Das Spanische Viertel von St. Augustine vermittelt einen Eindruck, wie es hier während der Kolonialzeit ausgesehen haben mag. Viele der Bauten sind allerdings Rekonstruktionen, denn Steinhäuser wurden erst im frühen 18. Jahrhundert errichtet, nachdem mehrere Brände die einfachen Holzhäuser zerstört hatten.

Kaum ein Ort in Florida ist so reich an historischen Gebäuden wie St. Augustine. Zahlreiche Holzvillen stammen noch aus dem 19. Jahrhundert – im jungen Florida ein geradezu biblisches Alter für ein Wohnhaus.

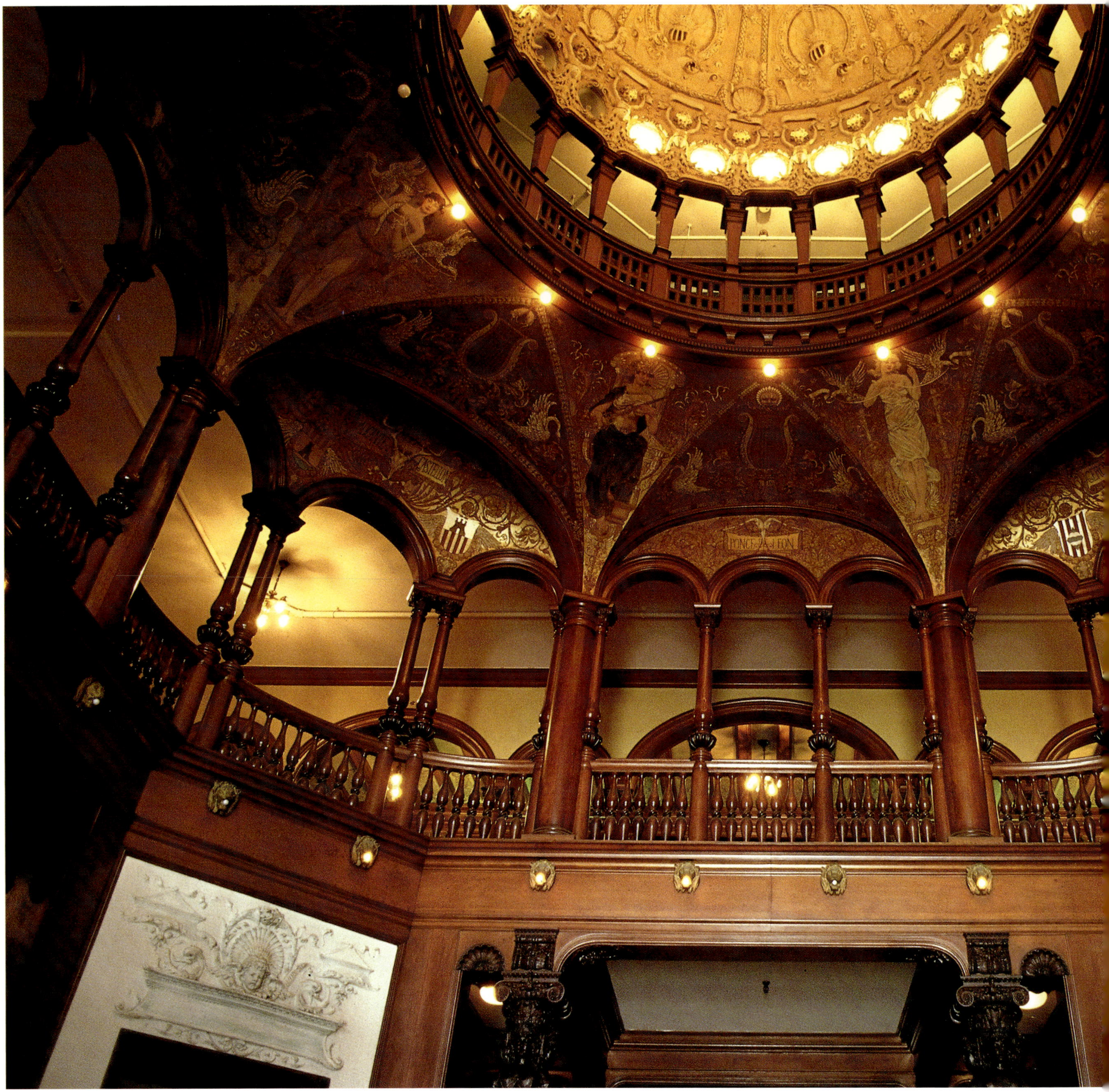

Von der Pracht, mit der die ersten Eisenbahntouristen empfangen wurden, zeugt das Flagler College in St. Augustine. 1888 wurde das Gebäude als Hotel Ponce de León eröffnet. In diesem Hotel (links) ebenso wie im Breakers Hotel in Palm Beach (oben) brachte der Eisenbahnzar Henry Flagler seine wohlhabenden Reisegäste unter.

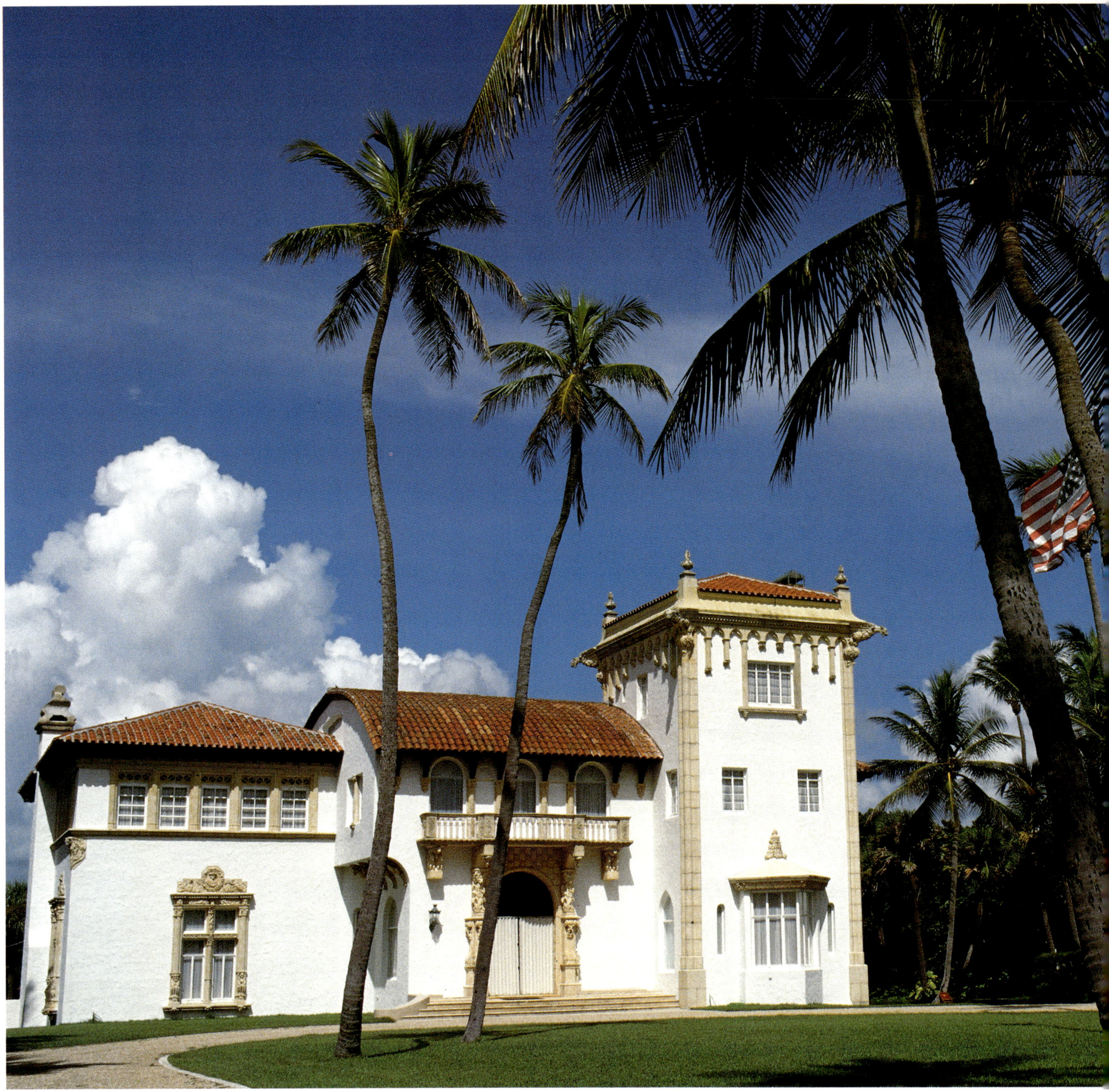

Fort Lauderdale vergleicht sich gern mit Venedig. Doch wurden hier die Häuser nicht in eine Lagune gebaut, sondern clevere Bauunternehmer ließen Kanäle anlegen, um auch den Villen im Hinterland die begehrte Lage am Wasser zu garantieren.

Der Baustil zahlreicher Millionärsvillen von Palm Beach spiegelt Elemente aus vielen Epochen der Architekturgeschichte wider. Spanische Einflüsse sind dabei besonders häufig. Für diese Stilmischung wurde die ironische Bezeichnung »how to please your client« – wie man seinen Kunden zufriedenstellt – geprägt.

*Ein großer Teil des
Lebens in Florida findet
am Wasser statt. Wie
an vielen anderen Sand-
stränden der Atlantik-
küste sind auch in
Daytona Beach die
Surfbedingungen ideal.*

*Nachfolgende
Doppelseite:
»Rush-hour« am Strand
von Daytona Beach.*

*Selbst am Strand muß in
den USA das Auto dabei-
sein. Deshalb gilt die
abendliche motorisierte
Spazierfahrt am Strand
von Daytona Beach als
fast so romantisch
wie ein Spaziergang.*

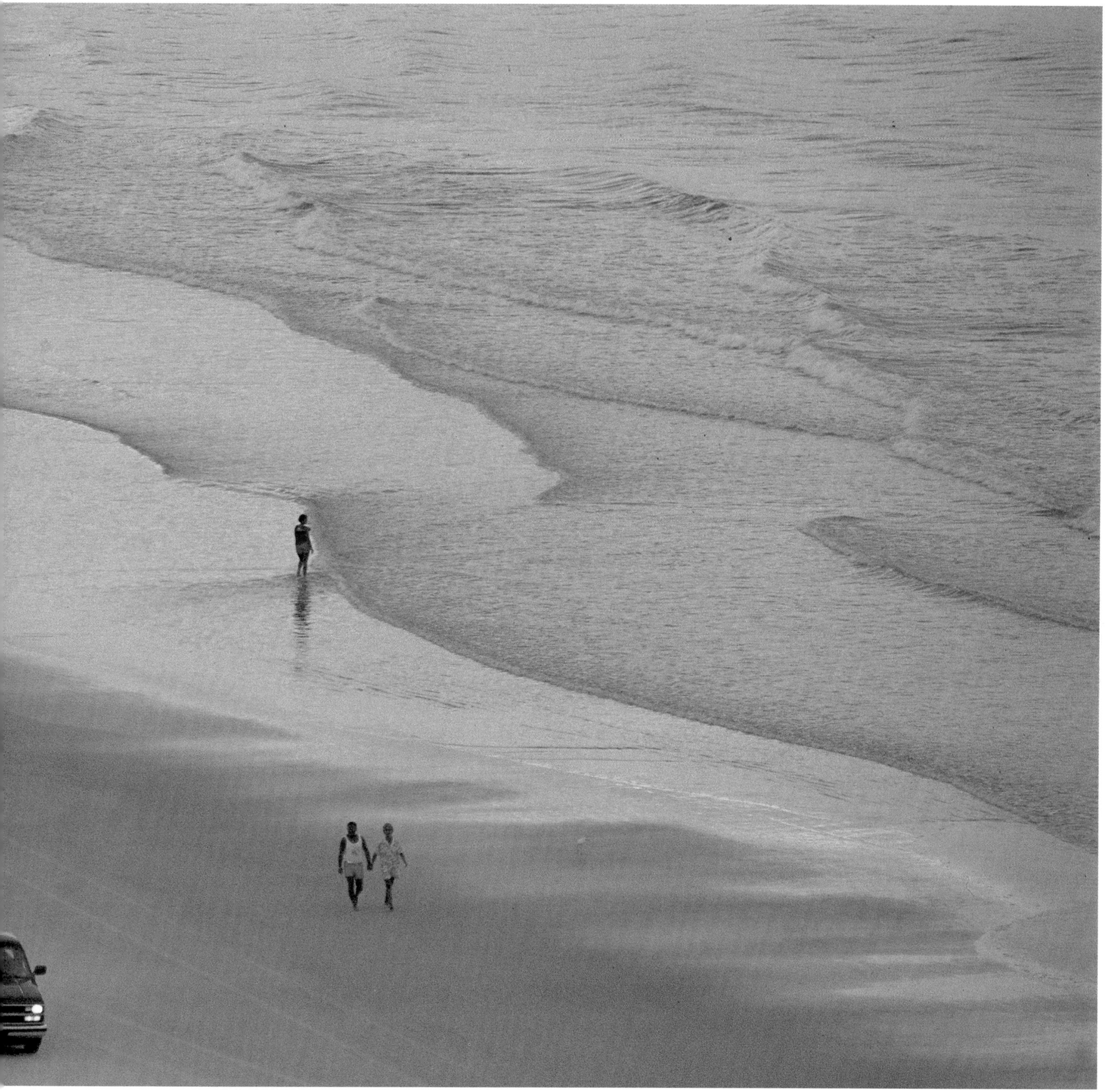

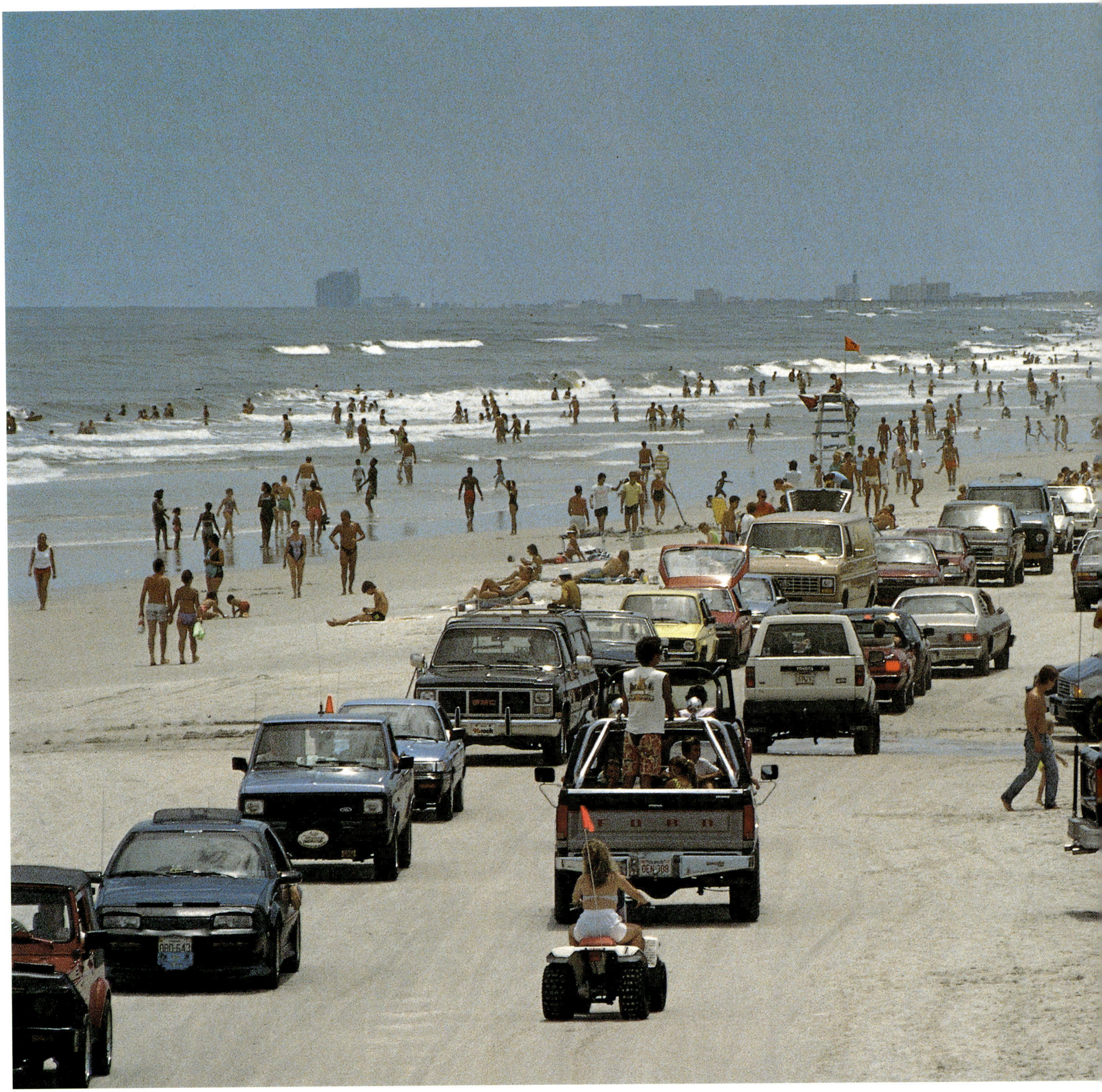

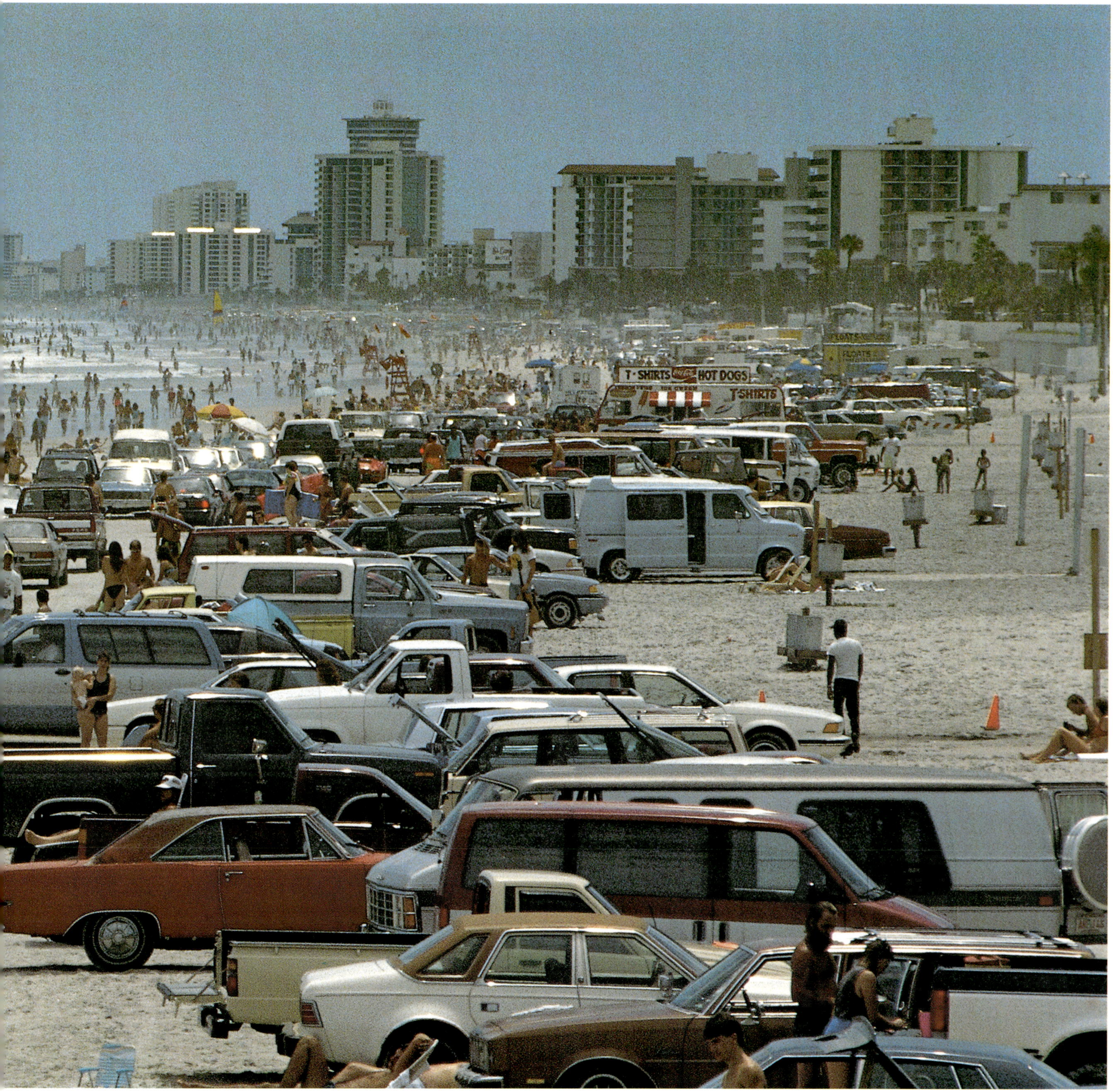
T-SHIRTS
HOT DOGS
T'SHIRTS

An den langen Stränden von Florida lassen sich fast immer ruhige Plätze abseits des Rummels finden.

Im flachen Südflorida scheinen die Gebäude direkt aus dem Wasser zu wachsen: Die Skyline der Hochhäuser im Bankenviertel von Miami.

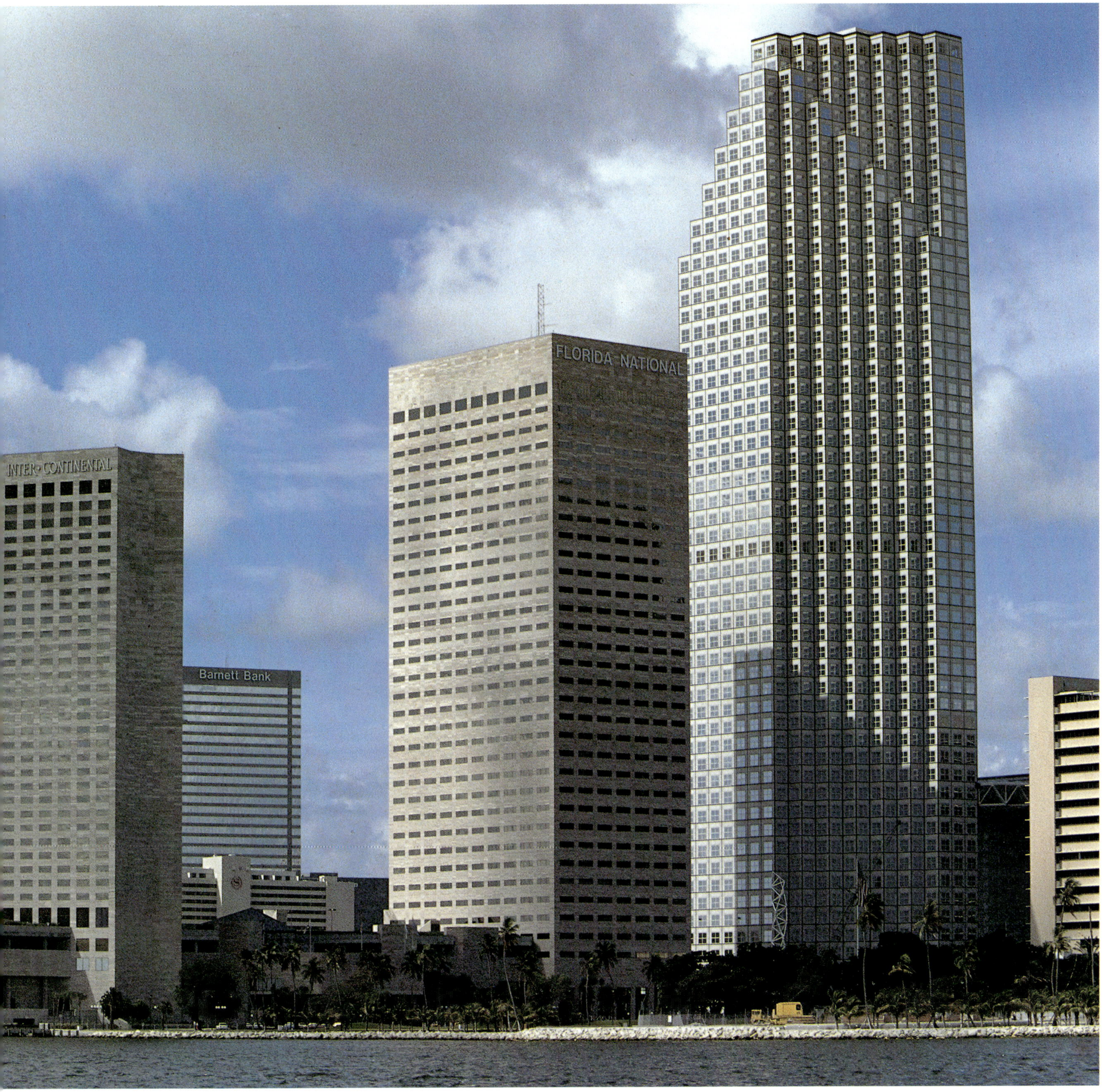
INTER-CONTINENTAL
FLORIDA NATIONAL
Barnett Bank

Saubere Fassaden und schmutziges Geld: Das finanzielle Fundament vieler Büropaläste im Bankenviertel von Miami besteht teilweise aus reingewaschenen Dollars aus dem Drogengeschäft.

In Florida ist vieles möglich, was anderswo verpönt ist. Phantasievolle Architekten nutzen diesen Freiraum und schaffen mit ihren Bauten überraschende Ein- und Durchblicke, wie am Atlantis Building in Miami.

Architektur als Zitatensammlung: Der Abschluß dieses Hochhauses in der Innenstadt von Miami zeigt Stilelemente der Renaissance.

In Coral Gables finden sich zahlreiche Beispiele für die Auffassung amerikanischer Architekten von klassischer italienischer Architektur. Doch haben die Imitate ihren eigenen Charakter.

Die Hotels im Art Deco District von Miami Beach wurden in wirtschaftlich schwierigen Zeiten gebaut. Damals nahmen zahlreiche Rentner, die im warmen Florida ihren Lebensabend genießen wollten, hier ihren Wohnsitz. Heute sind die Hotels eine stilechte Kulisse für alle, die »in« sein wollen.

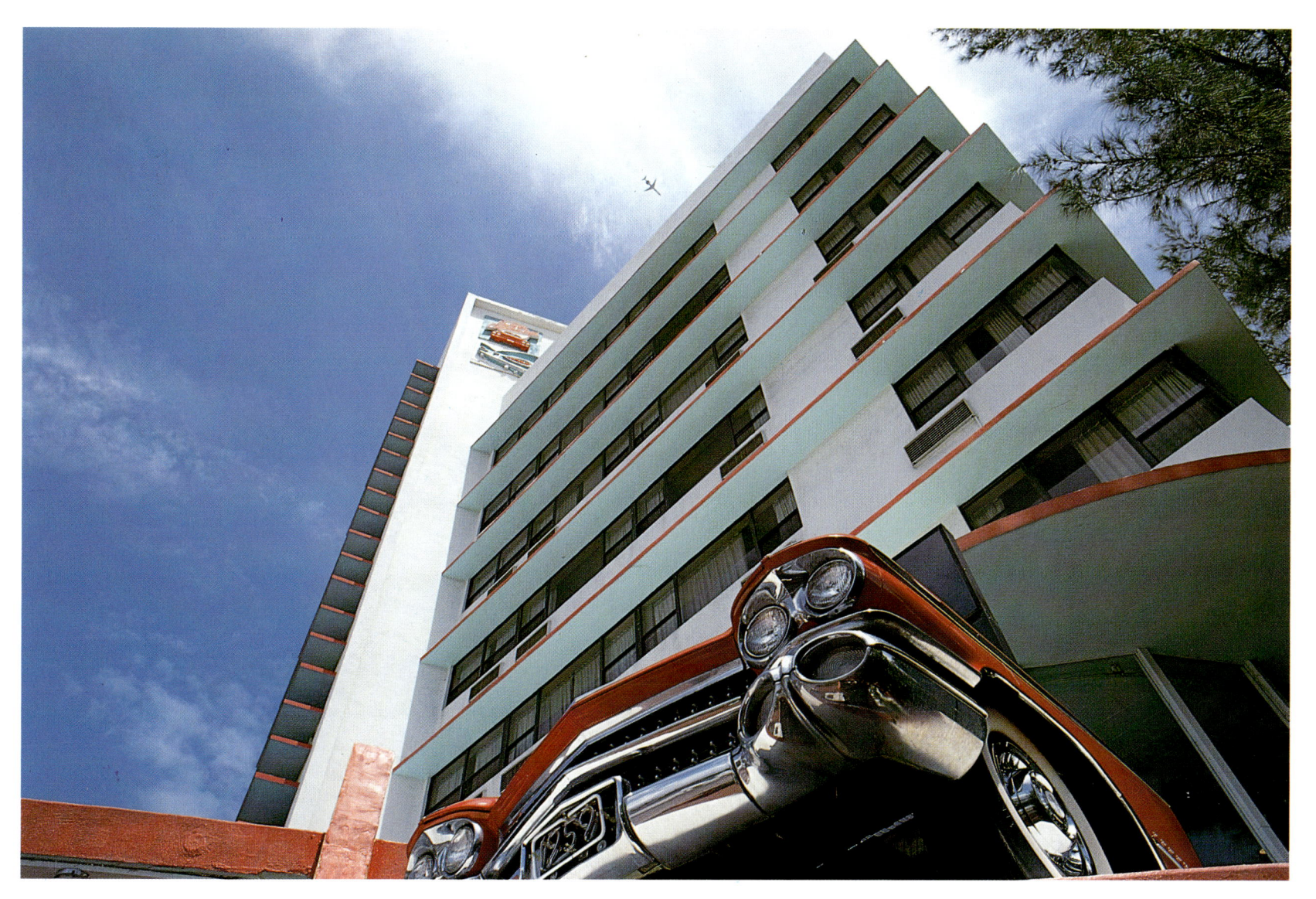

Nostalgie auf Hochglanz gebracht. Im Art Deco District von Miami Beach ist den Leuten das Alte nicht nur lieb – es wird auch immer teurer.

Erst nachdem Fotografen und Filmemacher die eigenwillige Architektur des Art Deco District von Miami Beach als Kulisse entdeckt hatten, zogen trendbewußte Geschäftsleute nach und renovierten viele der einfallsreichen Gebäude.

Swimmingpools gehören von jeher zum Standard floridianischer Hotels.

Farbiges Neonlicht und Stromlinienformen sind sicher nicht jedermanns Geschmack, aber die kleinen Gebäude im Art Deco District von Miami Beach aus den dreißiger und vierziger Jahren stehen in einem interessanten Gegensatz zu den riesigen Apartmentblöcken.

SLOPPY
JOE'S
BAR
SLOPPY JOE'S BAR
Cocktails
SLOPPY
Welcome to
SLOPPY JOE'S
JOE'S
SLOPPY Foods
Foods

Key West kennt keine Nachtruhe. Wenn es dunkel wird, können die einheimischen Conchs gemeinsam mit den Touristen den Alltag vergessen und sich ausleben.

Hemingways Stammkneipe in Key West: In Sloppy Joe's Bar werden die Spirituosen im Geiste des Schriftstellers ausgeschenkt. Wer will, kann einen Kneipenbummel durch die Duval Street auch als kulturelles Ereignis verstehen.

Bunten Krimskrams wie ein aufblasbares Plastikauto kann man in diesem Geschäft bei Miami Beach erstehen.

Goldglänzende Heckflossen zieren diesen Oldtimer – ein stilgerechtes Fahrzeug, um die Flaniermeilen abzufahren wie zum Beispiel den Ocean Drive oder die Collins Avenue in Miami Beach.

69

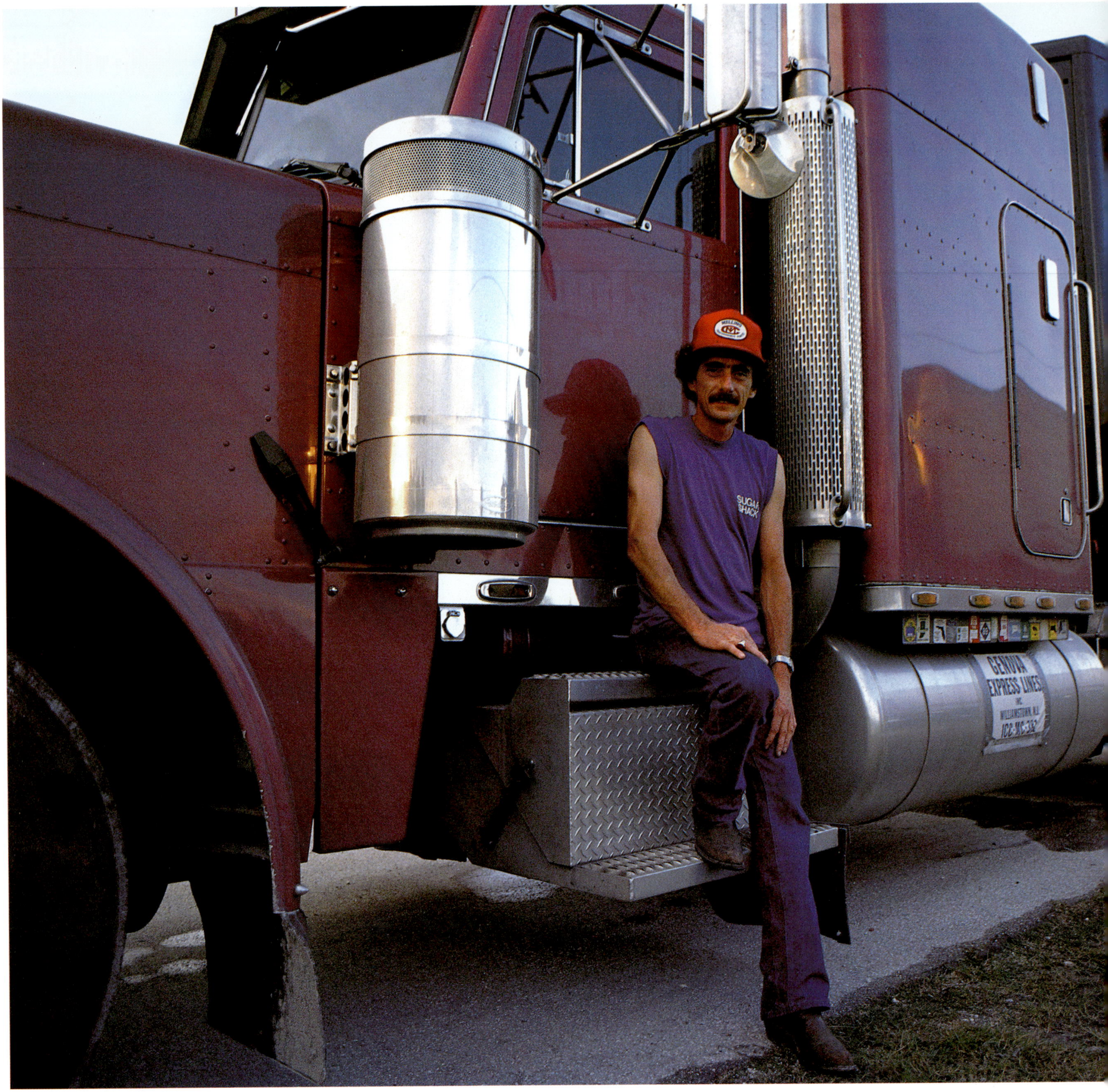
GENOVA
EXPRESS LINES

Leben neben der Straße: Überall weisen die bunten Werbeschilder der Motels den Reisenden auf Übernachtungsmöglichkeiten hin.

Wie in den übrigen USA sind auch die Trucker in Florida stolz auf ihre Fahrzeuge, die immer auf Hochglanz poliert sind.

In Key West leben Touristen und Conchs einträchtig zusammen. Viele Läden, wie hier an der berühmten Duval Street, zeugen davon, daß sich die Einheimischen heutigen Zeiten anzupassen verstehen.

In den traditionellen Holzvillen auf Key West sind heute oft originelle Frühstückspensionen untergebracht. Wer genügend Geld hat, um die hohen Immobilienpreise zu bezahlen, erwirbt eines dieser Häuser als Sommer- oder Wochenendresidenz.

*Piratentum und cleverer
Geschäftssinn ziehen
sich durch die Geschichte
von Key West. Für diese
Tradition steht auch der
alte Leuchtturm: Wer
ihn vom Meer aus sah,
war meist schon auf
eines der Riffs vor den
Keys aufgelaufen, und
die Wrecker waren
bereits unterwegs, um
Besatzung und Ladung
zu bergen.*

*Viele der kleineren Inseln
der Keys sind für durch-
reisende Besucher tabu,
denn wer hier ein Ferien-
haus besitzt oder sich
in eines der »resorts« einmietet, will seine Ruhe
haben. Die Motorjacht
ist oft die notwendige Er-
gänzung zum Haus – als
Verkehrsmittel, Badeinsel
und Angelpier.*

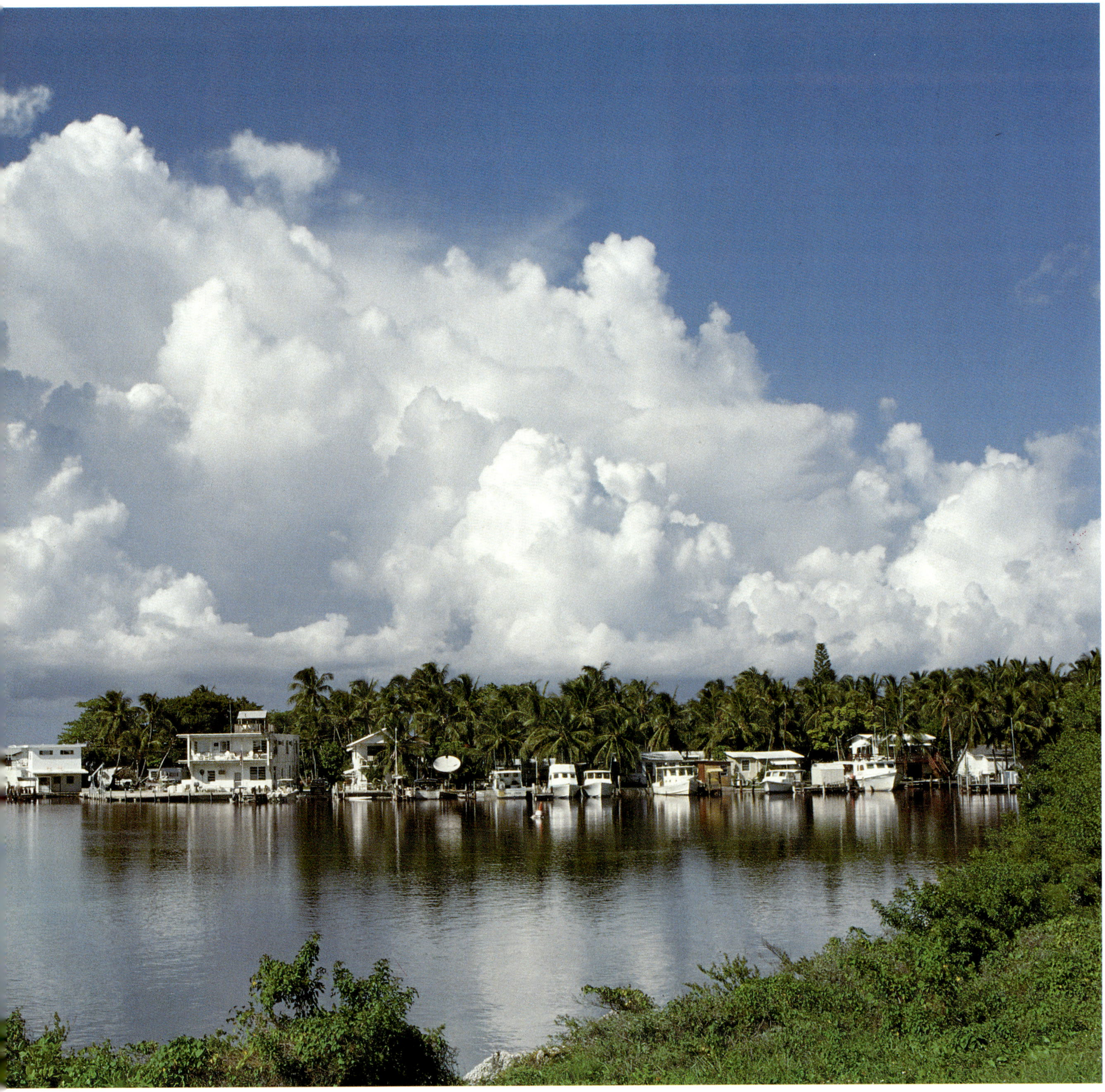

CAPT. TONY'S
CAPT. TONY'S
SALOON
"The First and Original SLOPPY JOES 1933-1937"
The OLDEST BAR in FLA
1933-1937

Pilgerstätte für Hemingway-Fans: Sein Wohnhaus in der Whitehead Street (oben). Die zahlreichen Katzen (rechts) auf dem Anwesen sollen alle von denen des Schriftstellers abstammen.

In diesem Holzhaus in Key West befindet sich die älteste Bar des Ortes: Captain Tony's Saloon, die für sich in Anspruch nimmt, die eigentliche Stammkneipe des Schriftstellers Ernest Hemingway gewesen zu sein.

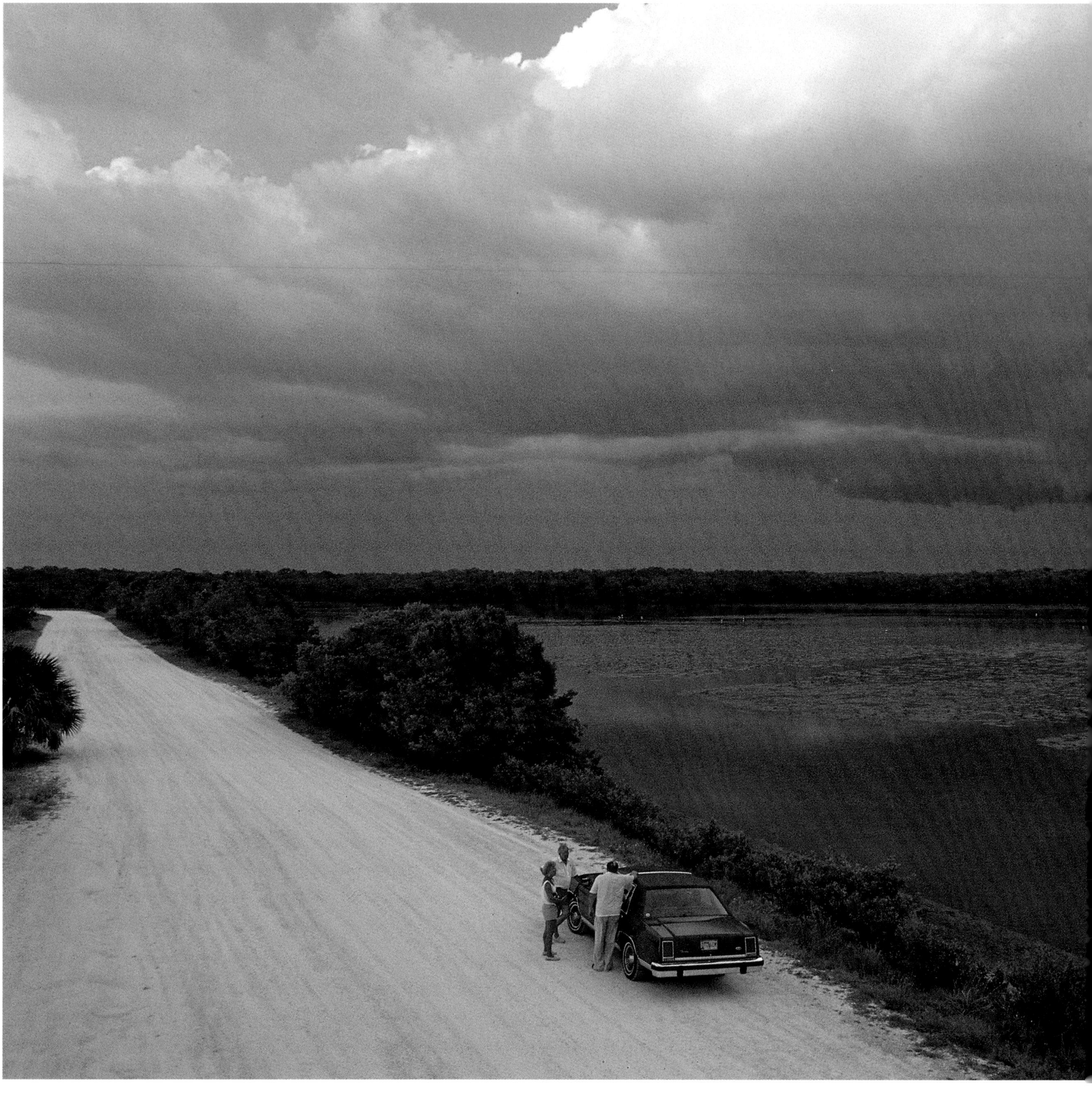

Vogelparadies Florida. Wer hier am Strand entlangspaziert, kann Ibisse bei der Nahrungssuche beobachten.

Auf dem Schotterdamm, der durch das »Ding« Darling National Wildlife Refuge in der Nordosthälfte von Sanibel führt, darf nur Schritttempo gefahren werden. So kann der Autofahrer die einzigartige Naturlandschaft genießen.

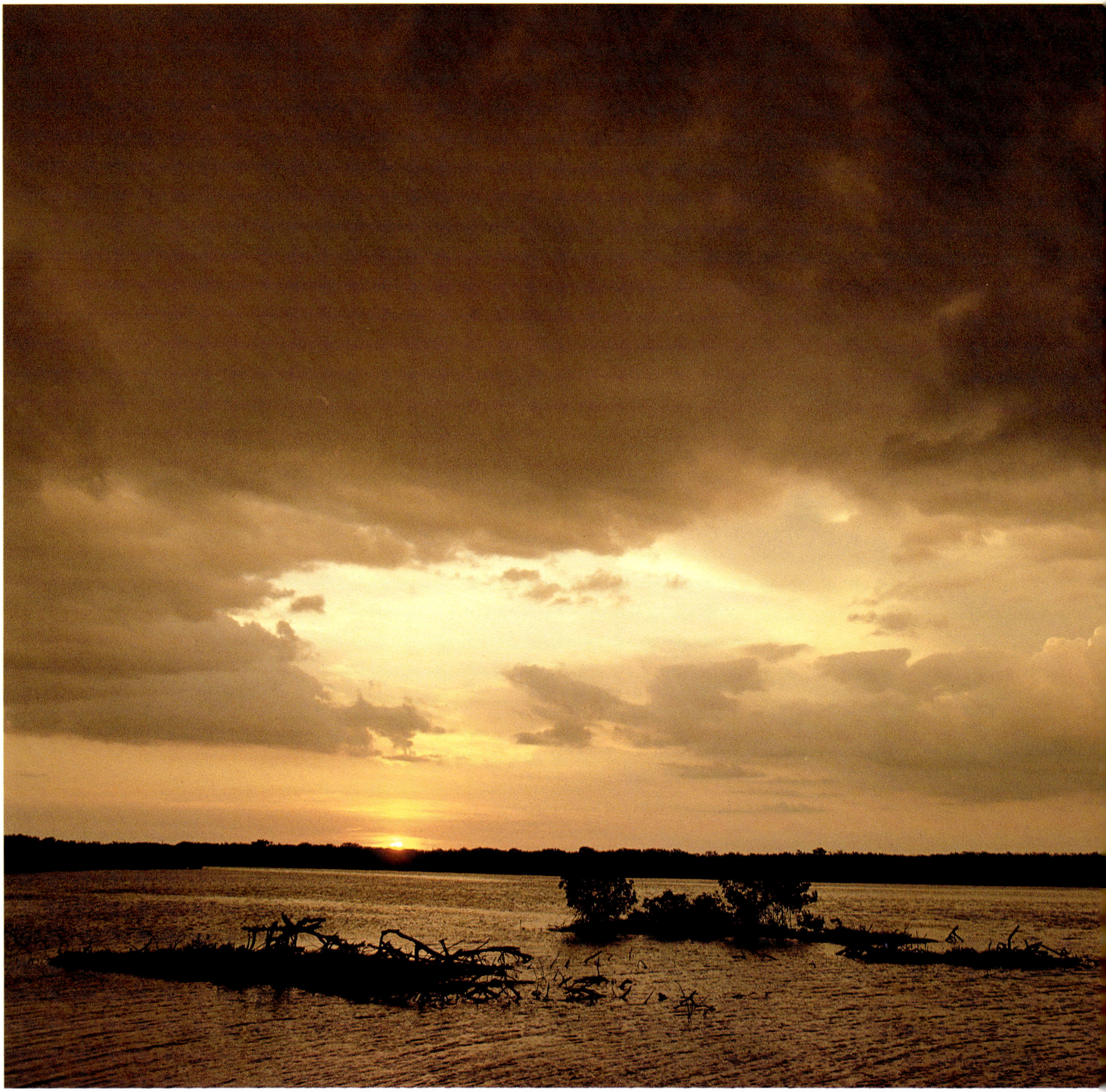

Die fischreiche Mangrovenzone an der Florida Bay ist ein idealer Lebensraum für Vögel, die hier ein reiches Futterangebot vorfinden.

Die Tiere Floridas sind auf die geschützten Rückzugsgebiete angewiesen. Im 2000 Hektar großen »Ding« Darling National Wildlife Refuge leben die See- und Watvögel in einer natürlichen Uferlandschaft mit Lagunen.

Der Panhandle im Nordwesten des Landes ist Zentrum des historischen Florida. Die waldreiche Region ist relativ dünn besiedelt.

Die landwirtschaftlichen Anbauflächen am Rande der Everglades hat man den Feuchtgebieten durch Entwässerung abgetrotzt. Ausrangierte Trucks wurden zu Pumpanlagen umgebaut, um die Gemüsekulturen beregnen zu können.

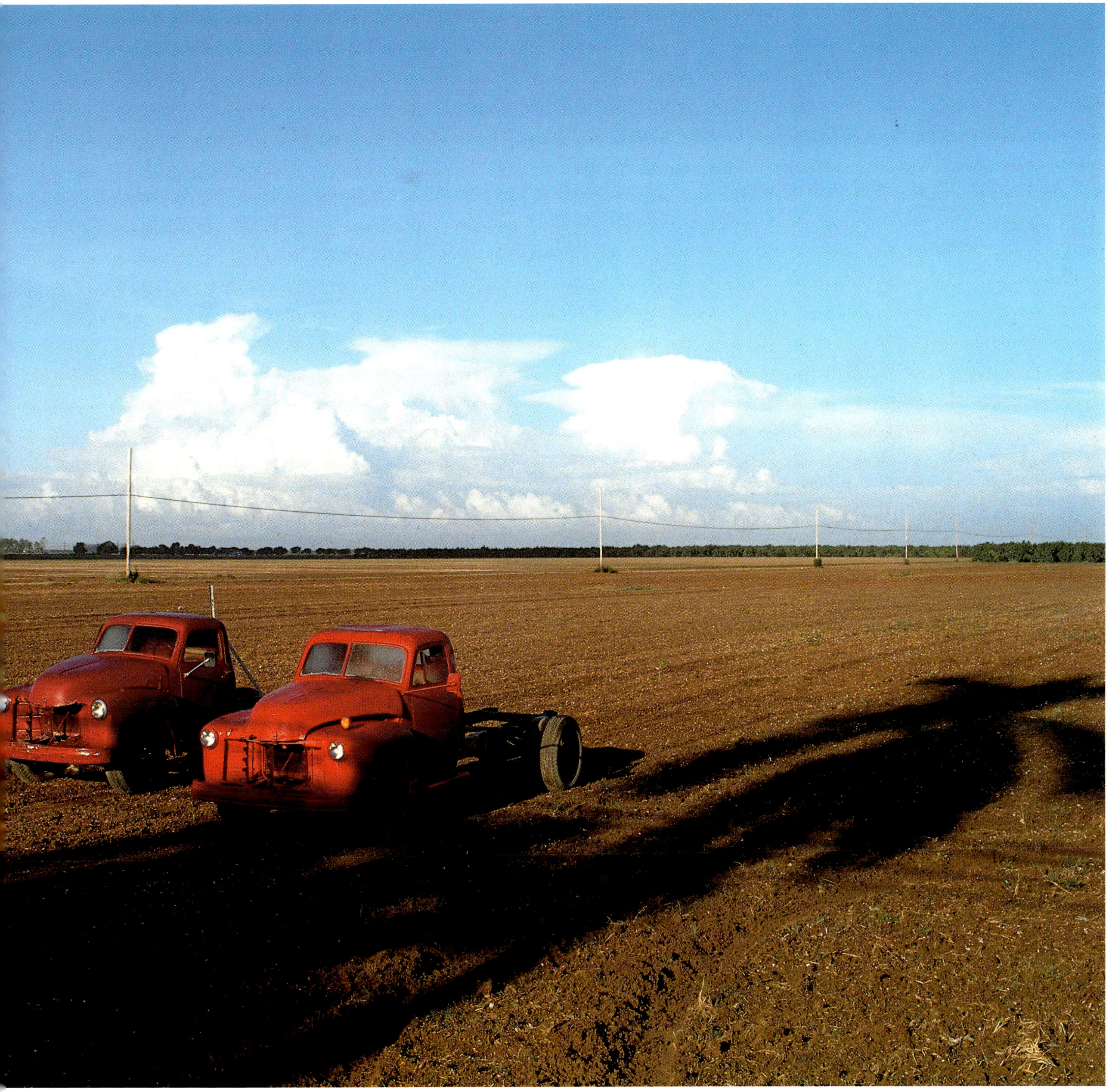

An Floridas Küsten sind die Pelikane ständige Begleiter. In den fischreichen Gewässer finden sie ausreichend Futter (oben). Doch auch weniger harmlosem Getier begegnet der Besucher an den Straßen entlang des Meeres (links).

Florida ist reich an Naturparks und botanischen Gärten. Dort sind exotische Vögel wie diese zwei farbenprächtigen Aras zu bewundern.

Die Alligatoren wurden durch strenge Naturschutzgesetze vor dem Aussterben bewahrt. Inzwischen sind sie wieder so zahlreich, daß sie sich nicht nur in den Sümpfen aufhalten, sondern auch mal den Swimmingpool einer Villa erkunden.

Viele Aquarien in Florida bieten ihren Besuchern Delphinshows. Dabei zeigen die intelligenten Meeressäuger erstaunliche Kunststücke. Flipper, der berühmteste Delphin, wurde sogar zum Filmstar.

Sportarten wie zum Beispiel Fallschirmgleiten am Golf von Mexiko (oben) oder Surfen an der Ostküste (links) sind beliebte Freizeitvergnügungen in Florida.

Die Phantasieresidenz Ca'd'Zan würde als extravagante Mischung verschiedener Baustile unangenehm auffallen, läge sie nicht landschaftlich perfekt angepaßt am Meer.

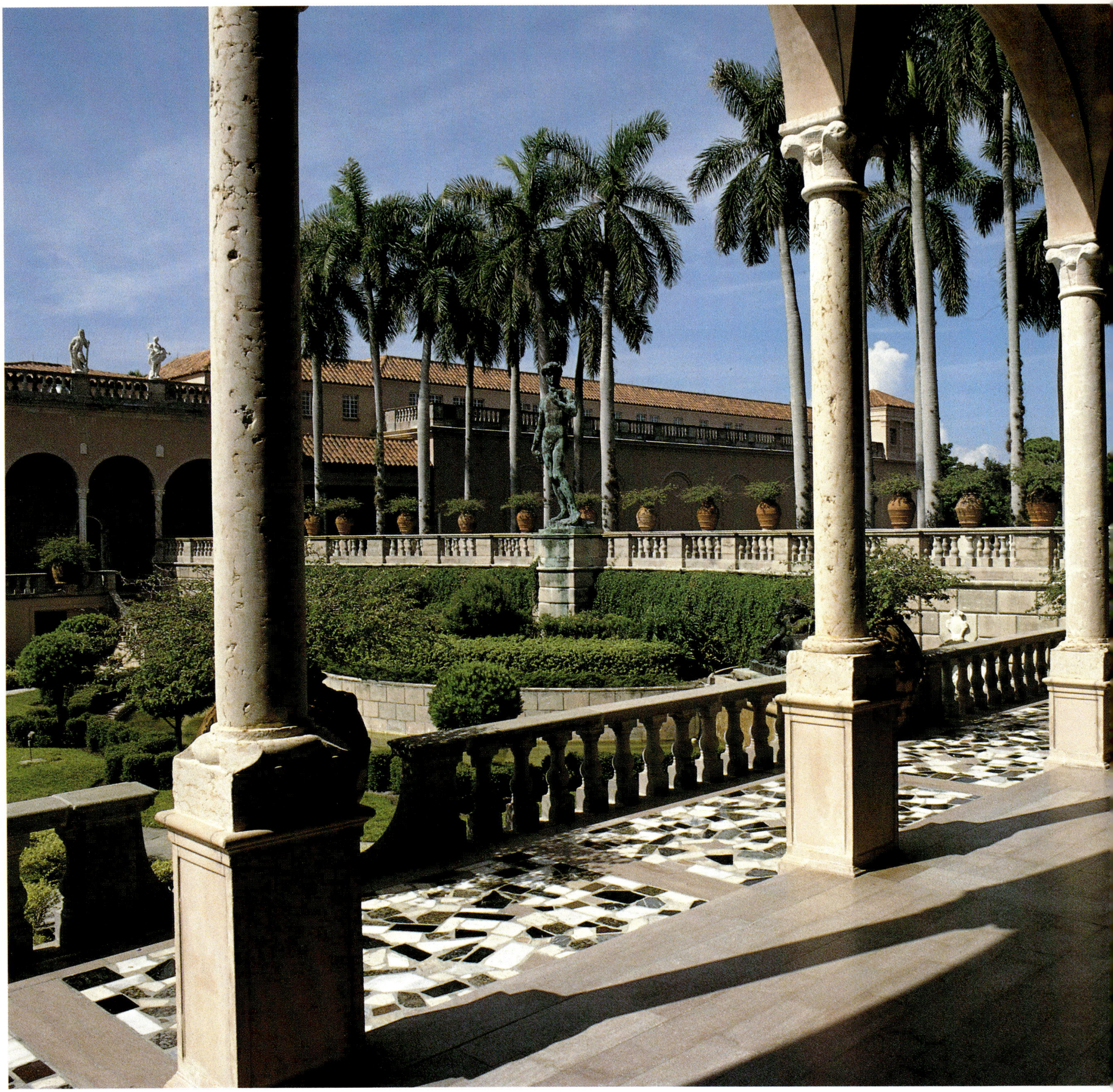

Musentempel in Sarasota: Zirkuskönig John Ringling und seine Frau Mable stifteten das Kunstmuseum im Stil der italienischen Renaissance (oben). Es enthält bemerkenswerte Gemälde von Peter Paul Rubens. Im Garten des Anwesens befindet sich eine Kopie des David von Michelangelo (links).

Das Haus von Thomas Alva Edison, dem Erfinder der Glühbirne, in Fort Myers ist stilvoll eingerichtet. Im Bild das vornehme Eßzimmer.

Floridas berühmtester Tourist, Thomas Alva Edison, hatte für Entspannung und Müßiggang keine Zeit. Im Winter des Jahres 1884 kam er zur Kur nach Fort Myers. Es gefiel ihm so gut, daß er sich später ein Labor und eine private Telegraphenstation einrichten ließ, um von hier aus sein Firmenimperium lenken zu können.

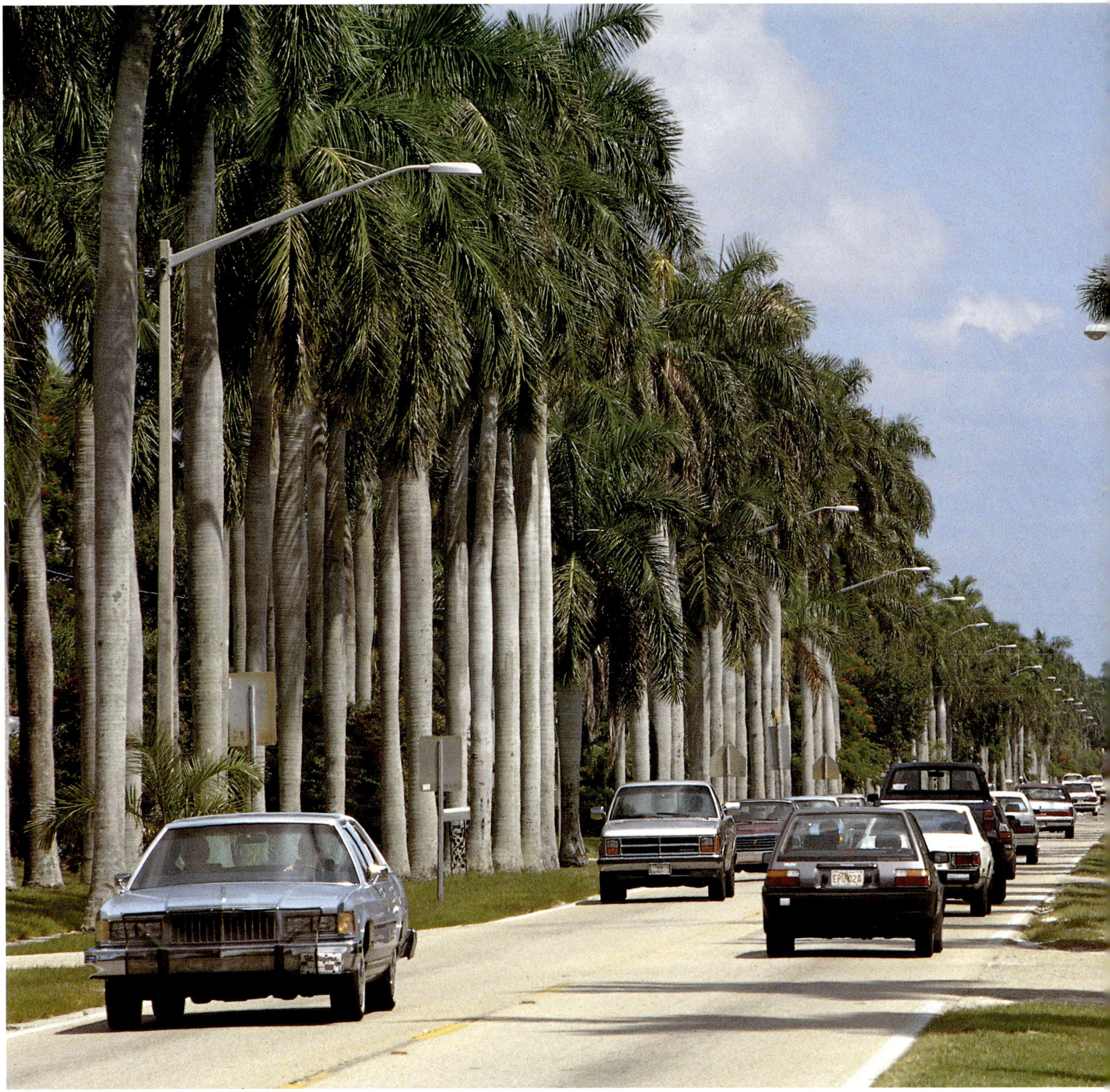

Die Versicherungen sorgen für eine besondere architektonische Note. Weil sich das Eingangsniveau der Häuser auf einer bestimmten Höhe über dem Meer befinden muß, wenn man sich gegen Sturmschäden versichern will, stehen die Bauten einfach auf Stelzen.

»City of Palms« nennt sich Fort Myers gern. Die ersten Schößlinge der Palmen am McGregor Boulevard sollen aus Edisons privatem botanischen Garten stammen.

Badeleben vor der Kulisse der Hochhäuser: In Miami Beach stehen die Hotels direkt am Strand.

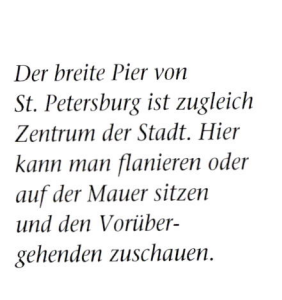

Der breite Pier von St. Petersburg ist zugleich Zentrum der Stadt. Hier kann man flanieren oder auf der Mauer sitzen und den Vorübergehenden zuschauen.

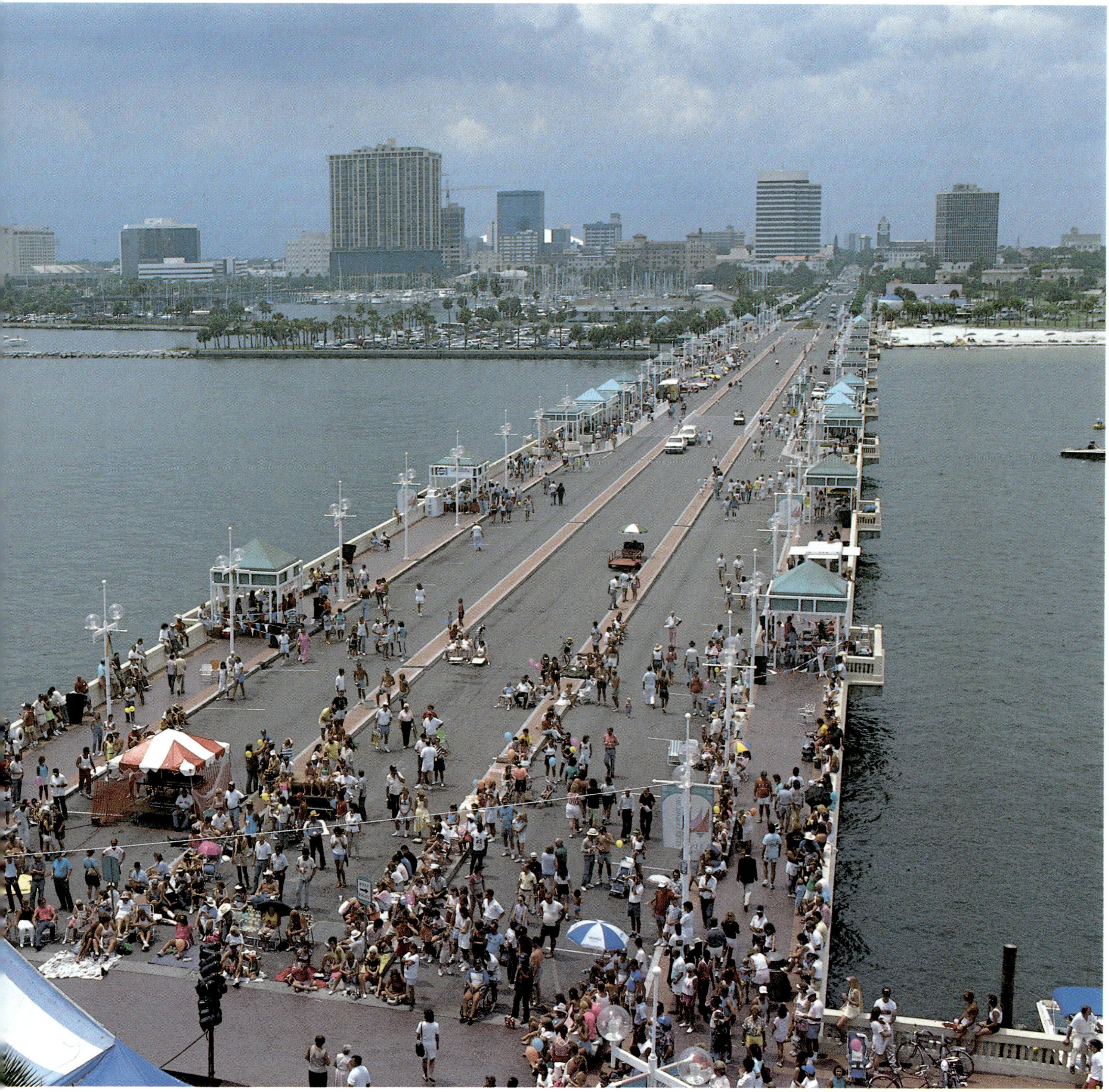

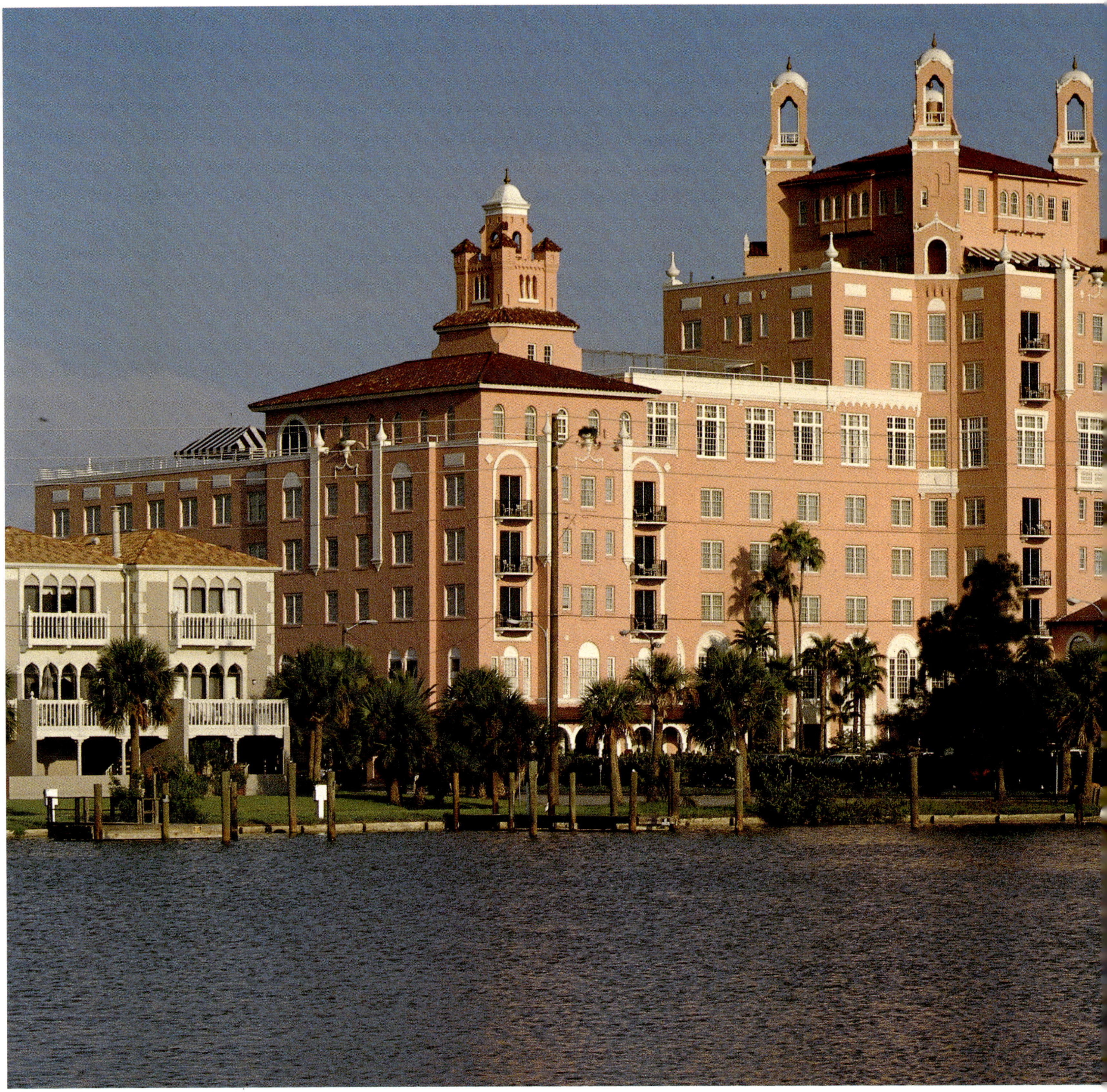

Das leuchtende Pink des vornehmen Don CeSar Hotels in St. Petersburg ist ein Synonym für den Sunshine State Florida.

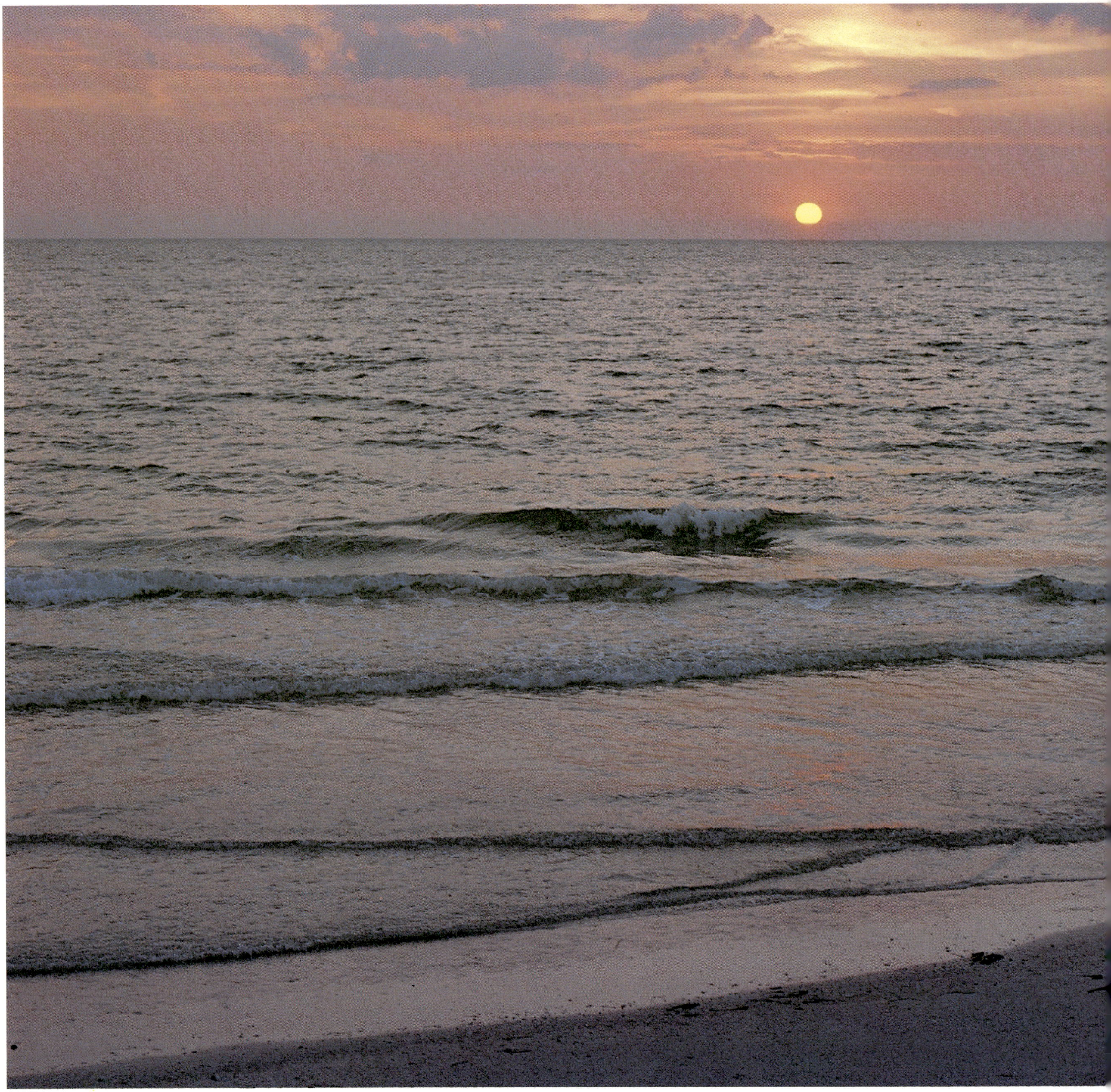

Besondere Ereignisse lassen sich am Golf von Mexiko außergewöhnlich feiern. Wo läßt sich das Hochzeitsfoto schon am Strand aufnehmen?

Die Golfküste Floridas ist etwas für Liebhaber von Sonnenuntergängen, die man hier in zahlreichen Varianten erleben kann.

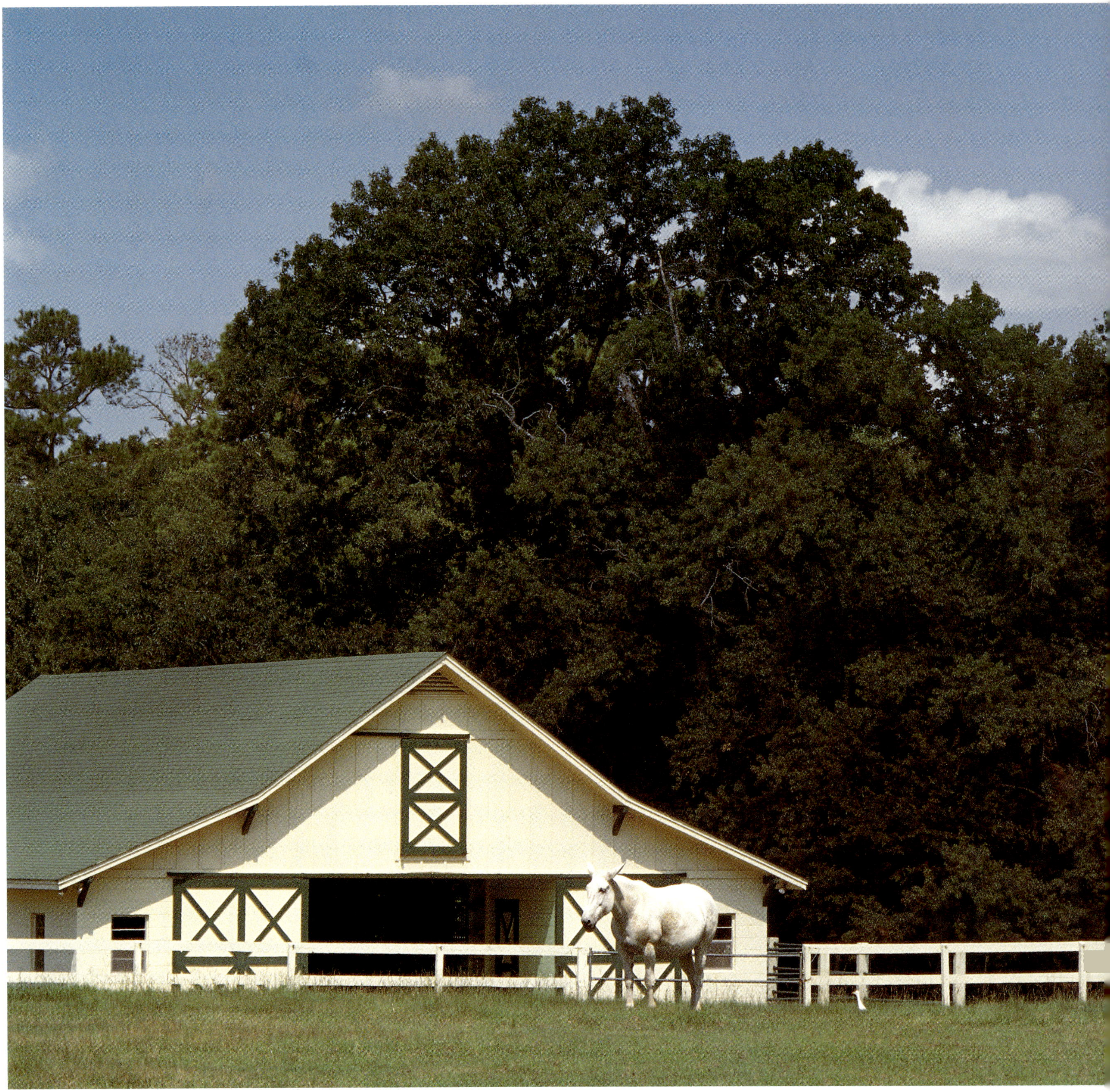

Wie viele andere Vogelarten lebt auch der Egret, ein Reihervogel, in den Feuchtgebieten Floridas.

Nicht nur edle Vollblutpferde weiden auf den grünen Wiesen Floridas. Daneben werden auch Maultiere gehalten, wie hier im Norden des Landes.

Seerosen in den Sunken Gardens von St. Petersburg. In diesem Botanischen Garten begeistert die Exotik und Farbenpracht der hier wachsenden Pflanzen.

Die faszinierende Naturschönheit Floridas kann der Besucher besonders in Details entdecken: Fächerpalme und Hibiskusblüte (oben), eine Seerose (unten).

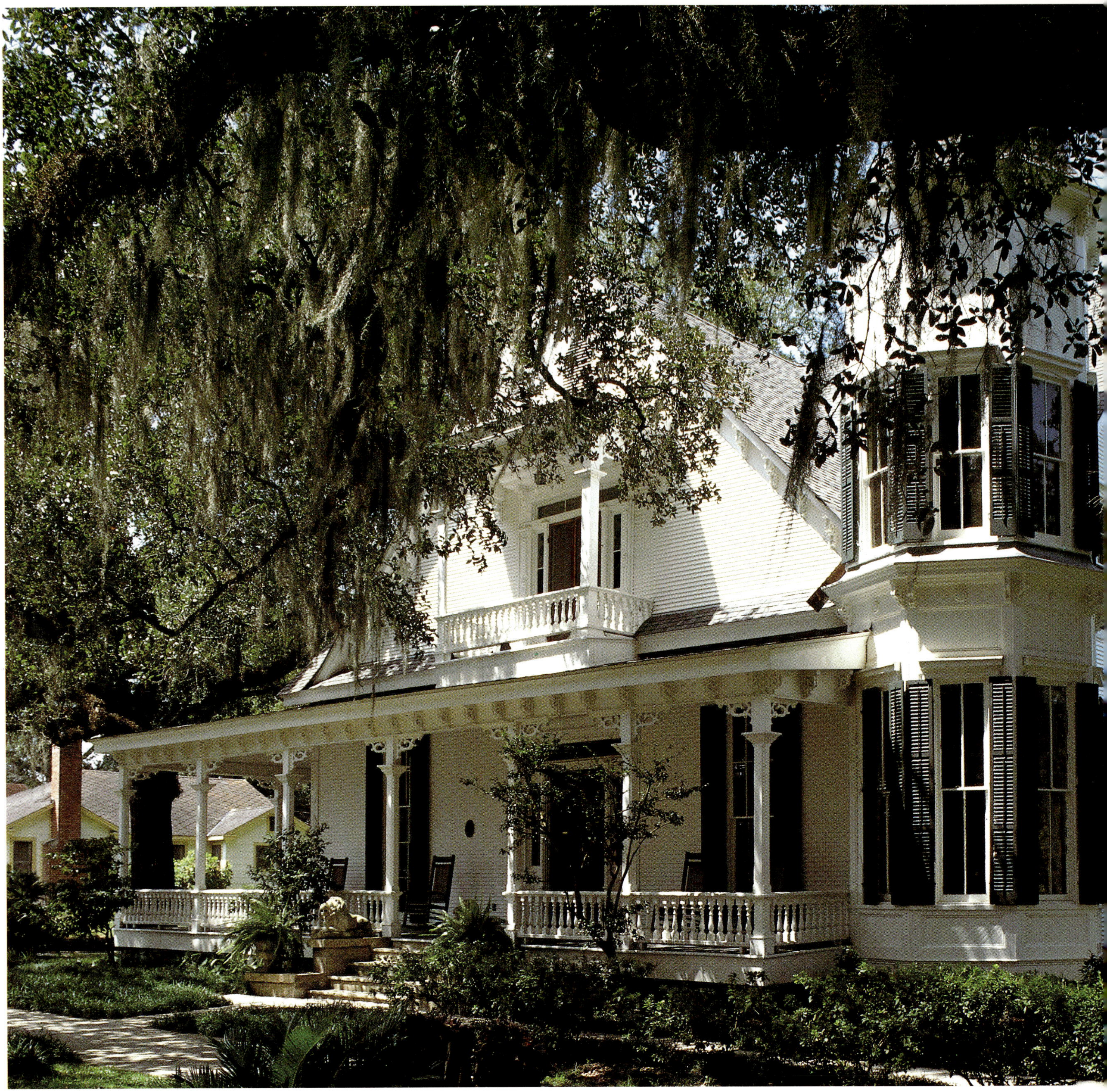

In Tampas Ybor City hat die Zigarre eine lange Tradition. Kubanische Flüchtlinge bauten Ende des 19. Jahrhunderts hier die Zigarrenindustrie auf.

Im Panhandle fühlt man sich in die Zeit des alten amerikanischen Südens versetzt. Die Häuser hier stammen zum Teil aus dem 19. Jahrhundert.

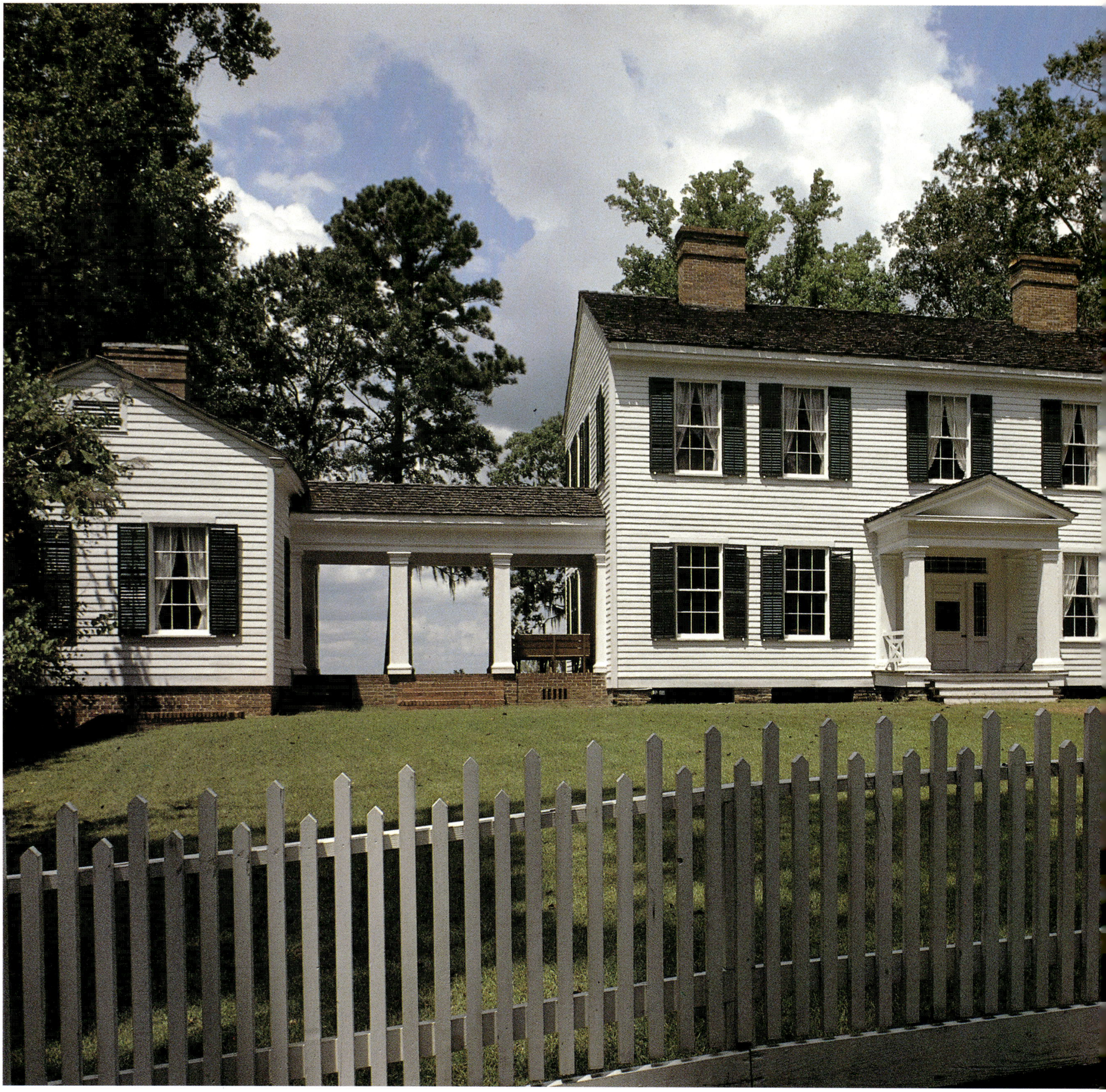

Der Südstaatencharakter des Panhandle erscheint dem Besucher heute romantisch verklärt, die Herrenhäuser der Plantagen sind jedoch Erinnerungsstücke der Sklavengesellschaft.

Selbst das Postamt in Seaside sorgt noch für eine stilvolle Inszenierung des Alltags. Das preisgekrönte Feriendorf zeigt in seinen Bauten die typische amerikanische Architektur der Neuenglandstaaten, die karibisch inspirierten Häuser der Conchs auf den Keys und klassische italienische Stilelemente.

In Florida scheint das Leben ganz aufs Meer ausgerichtet zu sein. Kein Wunder, ist doch die Küste überall nur wenige Meilen entfernt.

111

In der Feriensiedlung Seaside sind Autos verpönt, daher wird dieses Dorf »europäisch« genannt. Die Amerikaner haben eben ihre eigene Vorstellung von Europa.

Floridas Nordküste ist zwar nicht so mondän wie der Süden, aber mit ihren preiswerten, familienfreundlichen Unterkünften und traumhaften Stränden stellt sie eine echte Alternative zu den bekannten Ferienzielen dar.

Bei einer Fahrt mit dem Boot durch die Feuchtgebiete kann man Waschbären (oben) und Anhingas (rechts) beobachten. In dem klaren und fischreichen Wasser leben Alligatoren und Schildkröten.

Wakulla Springs südlich von Tallahassee gilt als tiefste Süßwasserquelle der Welt. Sie ist bis heute noch nicht ganz erforscht.

Hier braucht man keine Angst vor Alligatoren zu haben, denn die Badezone von Wakulla Springs ist von der eigentlichen Quelle und dem Flußsystem abgetrennt und wird überwacht.

Nur bestimmte Bereiche des Naturschutzgebietes von Wakulla Springs sind in Begleitung von Rangern zugänglich. Bei den organisierten Führungen lernen die Teilnehmer eine reiche Tier- und Pflanzenwelt kennen.

Nachfolgende Doppelseite: Sonnenuntergang am Golf von Mexiko – ein unvergeßliches Erlebnis.

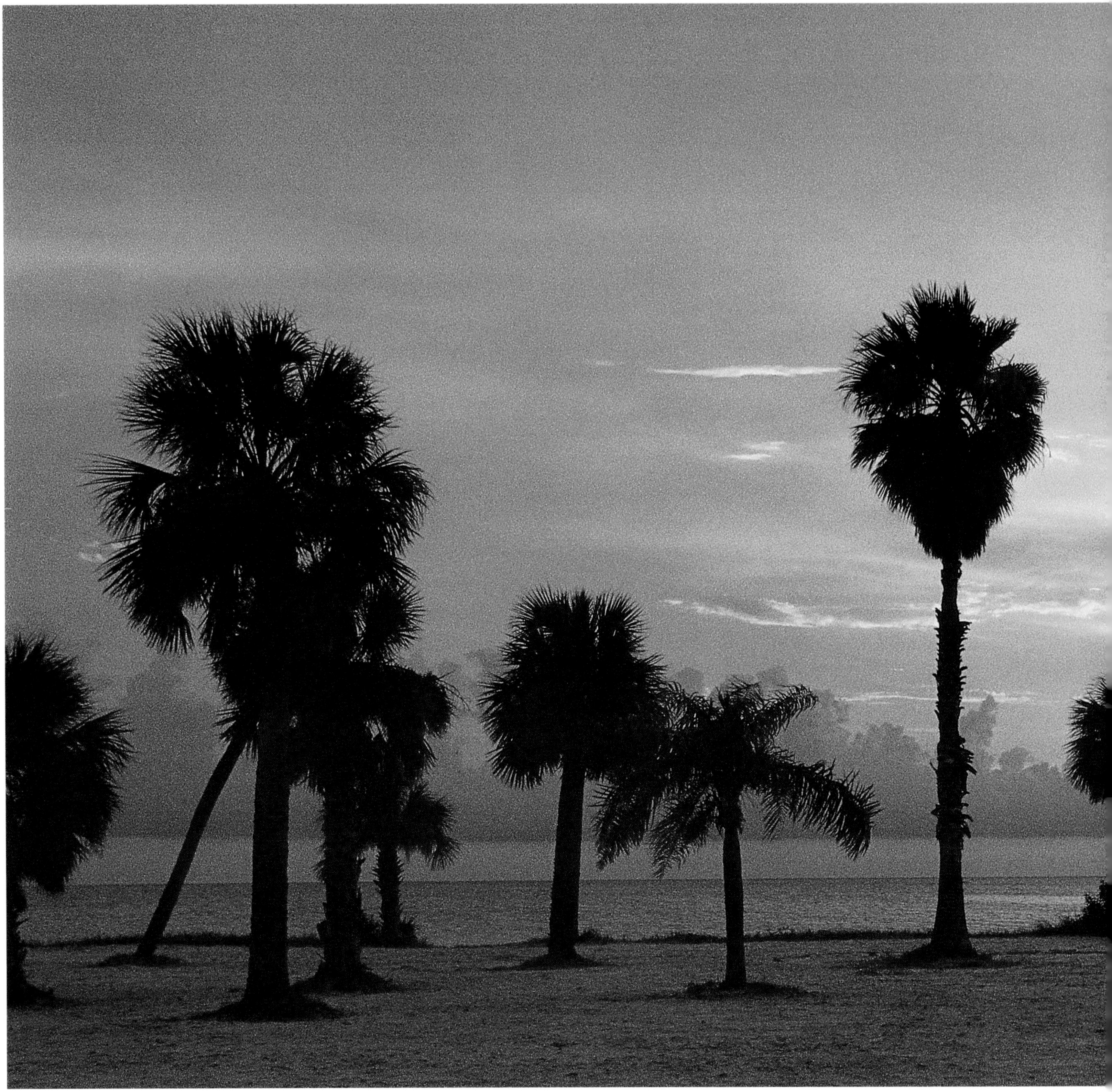

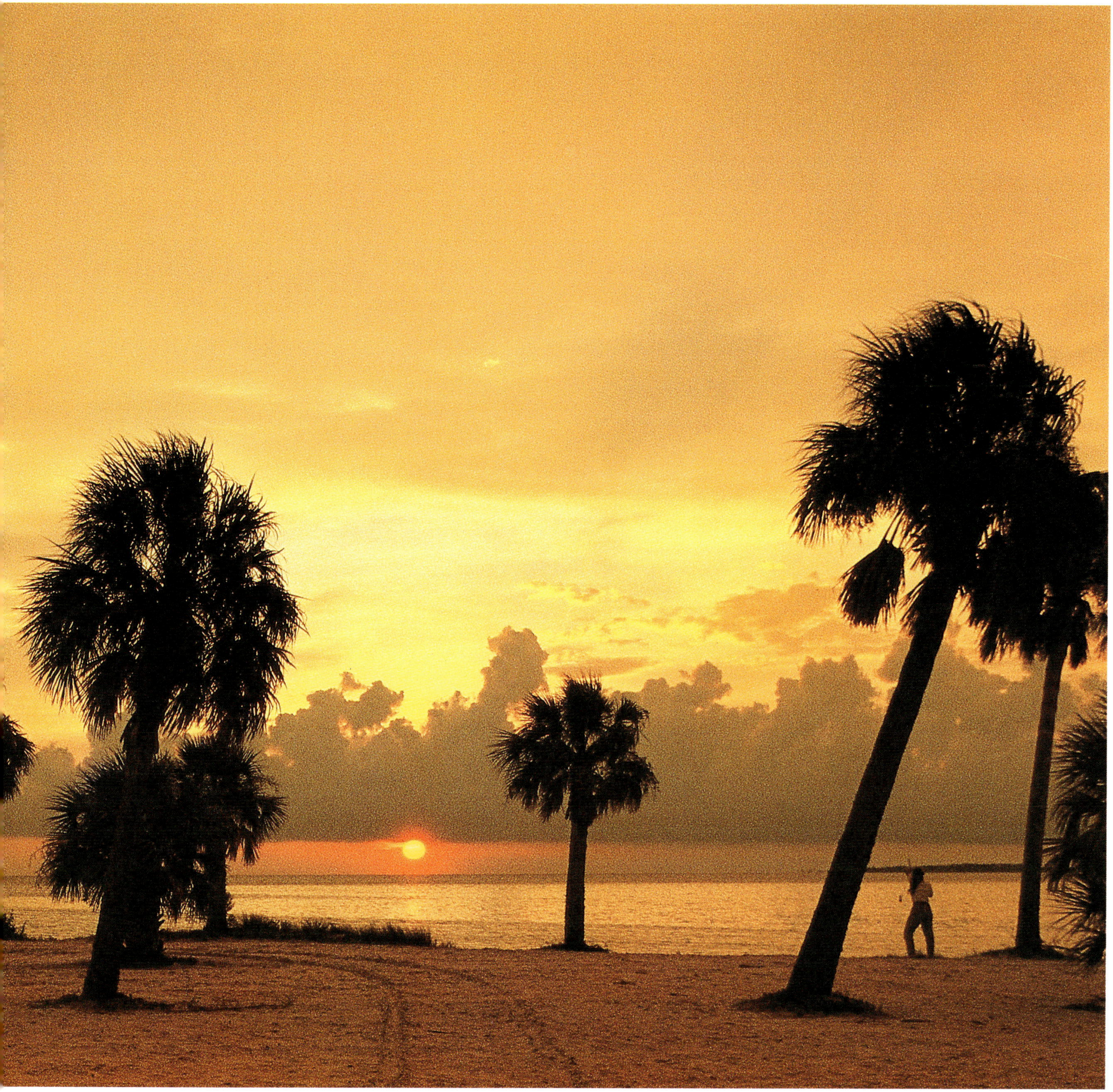

ALABAMA
GEORGIA
Brunswick
Thomasville
Marianna
Valdosta
Okefenokee Swamp
Fernandina Beach
AMELIA ISLAND
Pensacola
Fort Walton
Tallahassee
Wakulla
Wakulla Springs
Fort Caroline
Fort George
Mayport
Jacksonville
ATLANTISCHER OZEAN
Panama City
Saint Johns
Port St. Joe
Apalachicola
St. Augustine
Fort Matanzas
Marineland
Cross City
Gainesville
Flagler Beach
OCALA NATIONAL FOREST
Ocala
Daytona Beach
New Smyrna Beach
CANAVERAL NATIONAL SEASHORE
Homosassa Springs
Titusville
John F. Kennedy Space Center
Weeki Wachee
Clermont
Orlando
Walt Disney World
Kissimmee
Cape Canaveral
St. Cloud
Tarpon Springs
Melbourne
Tampa
Winter Haven
Cypress Gardens
Bok Tower Gardens
Clearwater
Ellenton
Lake Kissimmee
Lake Wales
GOLF VON MEXIKO
St. Petersburg
Tampa Bay
Vero Beach
Fort Pierce
Sarasota
Arcadia
Lake Okeechobee
Palm Beach
Fort Myers
CAPTIVA ISLAND
Corkscrew Swamp Sanctuary
SANIBEL ISLAND
The Everglades
Sanibel
Bonita Springs
Boca Raton
Big Cypress Swamp
Naples
Fort Lauderdale
COLLIER SEMINOLE STATE PARK
MARCO ISLAND
The Everglades
Everglades City
Miccosukee Tribal Headquarters
Miami
KEY BISCAYNE
Homestead
EVERGLADES NATIONAL PARK
Florida City
BISCAYNE NATIONAL PARK
JOHN PENNEKAMP CORAL REEF STATE PARK
Florida Bay
Key Largo
Marathon
Key West
Big Pine
FLORIDA KEYS
FLORIDA
N
0
50 km
Interstate Highway
Highway
Sehenswürdigkeit

Landschaften und Regionen Floridas

Zentralflorida: Vergnügen, Erholung und Natur

In den zwei Jahrzehnten seit der Eröffnung von Disney World im Jahr 1971 erlebte Zentralflorida eine beispiellose Entwicklung. Bis dahin war die Region von Landwirtschaft und Tierzucht geprägt, die Orangenplantagen in Zentralflorida versorgen noch heute drei Viertel des US-amerikanischen Marktes. Doch die wirtschaftlich alles bestimmende Größe ist inzwischen der Tourismus. Im Gefolge von Disney World entstanden im Großraum Orlando weitere Vergnügungsparks. Die Freizeitindustrie ist der größte Arbeitgeber und macht Orlando zu einer der am schnellsten wachsenden Städte Amerikas.

Zentralflorida ist landschaftlich eines der reizvollsten Gebiete. Die Hügellandschaft mit Süßwasserquellen, Flüssen und Wäldern überrascht mit ihrer im flachen Florida unvermuteten Vielgestaltigkeit. Viele der mehreren tausend Seen – die Schätzungen schwanken zwischen 7000 und über 10 000 – sind hier zu finden. Die Landschaft wird durch das Wasser geprägt und seit den späten sechziger Jahren im großen Maßstab für den Tourismus erschlossen. An den Seen entstanden Ferienanlagen. Das Gebiet von Kissimmee/St. Cloud, südlich von Orlando, bezeichnet sich als »resort area«, als Gebiet der Ferienanlagen.

Die meisten Quellen befinden sich nördlich von Orlando. Vielfach dienen ihre Austrittsbecken als natürliche Swimmingpools, in denen das Wasser das ganze Jahr über eine Temperatur von etwa 22 Grad Celsius hat. Die von den Quellen gespeisten Flüsse erschließen die Reste der Dschungellandschaften Zentralfloridas und können mit dem Kanu befahren werden. Den Bewohnern des Großraums Orlando dient das Gebiet der Quellen als Naherholungsgebiet. Ruhig und beschaulich geht es deshalb dort nur an Wochentagen zu.

Sehenswürdigkeiten und praktische Hinweise

Die meisten der über 3,5 Millionen Touristen, die jährlich nach Zentralflorida kommen, werden von den Freizeitparks angezogen, die südwestlich von Orlando liegen.

Diese Gegend erreicht man von der Innenstadt Orlandos aus am einfachsten über die I-4 in Richtung Süden (Tampa). Wer mehrere Parks besuchen möchte, findet entlang der I-4, nördlich der Einmündung der S-528 (vom Flughafen oder von Cape Canaveral kommend), Motels und Hotels aller Preisklassen. In Richtung Süden gibt es gute Übernachtungsmöglichkeiten in Lake Buena Vista, dem kommunalen Zentrum von Disney World. Die preiswertesten Motels in der Umgebung von Disney World liegen an der US-192 zwischen I-4 und Kissimmee.

Walt Disney World ist ein etwa 115 Quadratkilometer großes Gebiet mit drei Themenparks, diversen Wasserparks und einer Nachtklubinsel, mit Campingplätzen, Hotels, Ferien- und Freizeitanlagen. Das Herz von Disney World schlägt in dem Phantasiereich *Magic Kingdom*. Dazu kam 1982 das technisch orientierte *EPCOT-Center*. Die Filmwelt der *Metro-Goldwyn-Mayer(MGM)-Studios* wurde im Jahr 1989 eröffnet.

Jeder der drei Themenparks nimmt mindestens einen ganzen Besichtigungstag in Anspruch. Wer nur einen Tag nach Orlando kommt, Disneyland in Los Angeles nicht kennt und erleben möchte, was gemeinhin mit dem Namen Walt Disney verbunden wird, der sollte das Magic Kingdom wählen. Hier wird mit den Phantasiegestalten gespielt, die weltweit aus Filmen und Fernsehen bekannt sind, die in Büchern und als Stoffmaskottchen schon unzählige Kinder begeistert haben. Das Magic Kingdom ist in verschiedene Bezirke eingeteilt, deren Attraktionen, Restaurants und Souvenirläden unter einem bestimmten Motto stehen – Frontierland zum Beispiel ist der Wilde Westen und Liberty Square die USA der Gründerjahre. Das Magic Kingdom ist der kindgerechteste Themenpark. Für kleine Kinder besonders geeignet sind Birthdayland (Geburtstagsland) und Fantasyland (Phantasieland).

Das Zentrum des EPCOT-Centers ist die *Future World*, die Zukunftswelt. Hier widmet man sich zentralen Themen der technischen Entwicklung, der Fortbewegung, der Energie, den Computern, Unterwassertechnologien und der Landwirtschaft. Der zweite Bereich des EPCOT-Centers heißt *World Showcase* und ist eine Art Weltausstellung. Elf Nationen der Welt werden durch angeblich typische architektonische Ensembles der jeweiligen Kulturräume dargestellt.

Schon vor der Eröffnung der MGM-Studios für das Publikum wurden auf dem Gelände Filme und Fernsehsendungen produziert, heute steht auch in diesem Park das Vergnügen im Mittelpunkt. Zentrum der Anlage ist eine Nachbildung des Hollywood-Boulevard, der in seiner floridianischen Version an Mann's Chinese Theatre endet, dem Nachbau des berühmtesten und exotischsten Premierenkinos Hollywoods. Dort

Das EPCOT-Center in Disney World bietet seinen Besuchern seit 1982 eine Erlebniswelt voller Zukunftsvisionen.

kann man eine Reise in die Kinogeschichte unternehmen. Die Fahrt mit der Studiobahn führt auch durch den Katastrophen-Canyon, in dem mehrmals in der Stunde die Welt untergeht. Die Stuntshow, die im Freilichttheater aufgeführt wird, läßt den immensem Aufwand erahnen, der bei modernen Filmproduktionen getrieben wird.

Weitere Sehenswürdigkeiten der Region

Die *Universal Studios* entsprechen in ihrer Grundkonzeption den kurz vor ihnen eröffneten MGM-Studios. Sie stellen eine Verbindung von einem für Filmproduktionen genutzten Studio und einem Freizeitpark mit Attraktionen, Stunt- und Tiershows dar. Der Unterschied besteht zum einen in den Filmen, auf die die Attraktionen abgestimmt sind, »E.T.«, »King Kong« oder »Erdbeben«. Zum anderen versucht man, mit einer sachlichen Atmosphäre den Besuchern das Gefühl zu vermitteln, als schauten sie den Filmemachern über die Schulter. (Zu erreichen über die I-4, Ausfahrten 29 und 30 B.)

Sea World ist die zoologische Variante der Freizeitparks. Neben Tiervorführungen in mehreren Stadien gibt es auf dem etwa 60 Hektar großen Gelände nach Themen und Lebensräumen gestaltete Aquarien, deren spektakulärstes das Haiaquarium ist. Die Shows und die Becken mit Delphinen, Killer- und Belugawalen sowie Seehunden sollen unterhalten und informieren. Eine aufwendige Wasserski-Show, die sich mit der in Cypress Gardens messen kann, ergänzt das Angebot. **Orlando** selbst hat für Touristen nicht viel zu bieten. Einige Museen, von denen das *Elvis Presley Museum* als Pilgerstätte für Rockfans natürlich seinen eigenen Reiz hat, sind durchaus sehenswert. Die *Church Street Station* in der Innenstadt von Orlando vermittelt mit einigen Gebäuden noch eine Ahnung der Pionierzeit. Heute werden die historischen Gebäude inmitten moderner Büroblöcke als Unterhaltungszentrum mit Restaurants, Läden und Nachtklubs genutzt. Beschaulicher geht es dagegen in den traditionellen Freizeitparks Zentralfloridas zu, deren touristische Tradition teilweise bis in die Mitte des 19. Jahrhunderts zurückgeht. In *Silver Springs*, nur wenige Meilen östlich von Ocala an der S-40 gelegen, genossen bereits in den fünfziger und sechziger Jahren des 19. Jahrhunderts Besucher das Farbenspiel des großen Quellbeckens. Das erste Glasbodenboot, mit dem Touristen die an Fischen und Pflanzen reiche Unterwasserwelt bewundern konnten, stammt aus dem Jahr 1878.

Neben den Touristen entdeckte auch die Filmindustrie Silver Springs. Zwischen 1932 und 1942 schwang sich Tarzan durch den Urwald Floridas, und das klare Quellwasser war in unzähligen Kinofilmen und Fernsehserien eine ideale Kulisse für Unterwasseraufnahmen. Ein Zoo, der nur vom Boot und von Safarifahrzeugen aus besichtigt werden kann, Reptilienvorführungen und eine Ausstellung alter Autos sollen neben Quelle und Glasbodenbooten den ziemlich hohen Eintrittspreis rechtfertigen.

In *Cypress Gardens*, südwestlich von Orlando in **Winter Haven** an der S-540 gelegen, ist die Verbindung von Gestern und Heute besser gelungen. Das Kernstück dieses Freizeitparks ist eine in den dreißiger Jahren enstandene Gartenlandschaft. Irritiert werden Besucher aus Übersee vielleicht durch die Southern Belles, Mädchen, die in schreiend bunten Kleidern mit riesigen Reifröcken die Landschaft »dekorieren«. Dieser »Schmuck« wurde eingeführt, als ein unerwartet starker Frost viele der Blumenbeete zerstört hatte und sich mit den großen Reifröcken die Schäden gut verdecken ließen.

In den vierziger Jahren begann man mit den Wasserski-Shows, derentwegen Cypress Gardens auch heute noch berühmt ist. Daneben gibt es Tierdressuren, ein Varieté-Theater und Show-Stadien mit wechselnden Programmen. Ein kleiner Zoo, eine hydraulische Aussichtsplattform, mit der man auf etwa 60 Meter Höhe gehievt wird, eine Modelleisenbahnausstellung und Bootstouren durch den Botanischen Garten bieten genug Abwechslung für einen Tagesaufenthalt.

Ein Glasbodenboot in Silver Springs.

Bok Tower Gardens, südlich von Orlando in Lake Wales gelegen, gilt als eine der ältesten Sehenswürdigkeiten. Hier findet der Besucher Ruhe und Muße. Seit über 60 Jahren in nur wenig veränderter Art, begnügt man sich mit einem botanischen Garten, der durch Naturlehrpfade ergänzt wird. Überragt wird die Landschaft von einem gotisch anmutenden Glockenturm.

Landestypisches zeigt *Gatorland*, eine Alligatorenfarm, die sich im Süden von Orlando an der US-441 befindet. Die Tiere wirken, ihrem Charakter als Kaltblüter entsprechend, eher träge, eine Einschätzung, die bei der Begegnung in freier Wildbahn gefährlich sein kann.

Der *Florida Citrus Tower* bietet Ausblick auf Millionen von Orangenbäumen und eine Einführung in die Arbeitsweise von Zitrusplantagen und Verarbeitungsbetrieben. (Westlich von Orlando in Clermont an der Kreuzung von US-27 und S-50).

Ocala, eine beschauliche Provinzstadt, ist vor allem für Pferdefreunde interessant. Der Ort ist ein wichtiges Zentrum der Vollblutzucht. Einige Gestüte können besucht werden. Man sollte sich vorher bei der Züchtervereinigung informieren: Florida Thoroughbred Breeder's Association, 4727 N.W. 80th Avenue, Ocala, FL 32675.

Die Region nördlich von Orlando bietet Naturfreunden viel Abwechslung. *Wekiwa Springs* ist über die S-434 oder S-436 zu erreichen. Im Quellbecken kann geschwommen werden, der Wekiwa River läßt sich mit Mietkanus befahren. Wanderwege, Picknick- und Campingplätze vervollständigen das Angebot dieses State Parks mit einer vielfältigen Tier- und Pflanzenwelt.

Die prächtige Zugbrücke in St. Augustine.

Die farbenfrohen Malereien an der Apotheke in Orlando sind ein origineller Werbegag, der ins Auge fällt.

Ähnlich präsentiert sich der *Ocala National Forest*. Die bekanntesten Quellen sind Juniper Springs und Alexander Springs. Eine Spezialität ist hier das Sich-Treiben-Lassen auf großen Schwimmreifen. Informationen zu Campingplätzen, Mietkanus und Wandermöglichkeiten gibt die US-Forstverwaltung: U.S. Forest Service, Suite 4061, 227 N. Bronough St., Tallahassee, FL 32301.

Floridas Nordosten: Das historische Herz

St. Augustine, einst Spaniens wichtigste Stadt in Florida, entstand 1565 an der Mündung des Flusses Matanzas, um von hier aus die etwas weiter nördlich aktiven Franzosen in Schach zu halten. Auch in der Folgezeit wurde der Küstenstrich zwischen St. Augustine und Fernandina Beach an der heutigen Nordgrenze Floridas heftig umkämpft. Fernandina Beach auf Amelia Island rühmt sich, der einzige Ort der USA zu sein, über dem bis heute acht verschiedene Flaggen geweht haben. Neben den Fahnen Spaniens, Frankreichs und Großbritanniens wurden hier auch exotische Exemplare gehißt. Im Jahr 1812 wollten beispielsweise 79 Bewohner aus Georgia und Florida als *patriots* (Patrioten) ein Ost-Florida gründen, das in die USA eingebunden sein sollte. 1817 zeugte ein grünes Kreuz auf weißem Grund davon, daß amerikanische Bürger die Unabhängigkeit Floridas von Spanien anstrebten. Die Flagge der Konföderierten, der Südstaaten, wurde während des Bürgerkriegs gezeigt.

Sehenswürdigkeiten und praktische Hinweise

Von der bewegten Kolonialgeschichte dieses Küstenbereichs lebt man heute am besten in **St. Augustine**. Eine Vielzahl historischer – oder historisch anmutender – Gebäude werden geschickt zur touristischen Bebilderung der Kolonialzeit genutzt. Das auffälligste Bauwerk ist das *Castillo de San Marcos*. 1672 begannen die Spanier mit dem aufwendigen Bau des Steinforts, das in seiner Art einzigartig ist. Der elastisch-widerstandsfähige Coquina-Stein machte das Fort bei Belagerungen durch die Briten 1702 und 1740 praktisch uneinnehmbar. Im 19. Jahrhundert diente die Anlage unter dem Namen »Fort Marion« als Gefängnis für Indianer, meist Apachen, die aus dem Westen deportiert worden waren.

Die ältesten Privathäuser in St. Augustine stammen aus dem 18. Jahrhundert. Nach den Belagerungen während dieser Zeit wurden auch die

Wohnhäuser aus Stein erbaut. Oft benutzte man dafür »tabby«, einen primitiven Vorläufer des Betons. Mit Hilfe gebrannter, zerstoßener Muscheln und Sand wurde Coquina nachgeahmt. Das historisch interessanteste Beispiel dieser Architektur ist das *Oldest House*. In seinen Räumen wird die Geschichte St. Augustines und Floridas deutlich: Das einfache Leben der ersten spanischen Siedler, die Verbesserungen, die die Eigentümer während der britischen Periode (1763 bis 1781) einführten, und die Phase im 19. Jahrhundert, als Florida von den USA vereinnahmt wurde.

Auf der *St. George Street*, die am Castillo beginnt und nach Süden verläuft, findet man – meist rekonstruierte – Beispiele spanischer Architektur. Kostümierte Führer berichten über den Alltag der spanischen Kolonialzeit und spielen ihn nach.

Das *Flagler College* und das *Lightner Museum* sind zwei ehemalige Hotels des Eisenbahn-Pioniers Henry M. Flagler. Das Lightner Museum ist im früheren Alcazar Hotel untergebracht. Die historisierende, mit spanischen Baustilen spielende Architektur und Beispiele der originalen Inneneinrichtung zeigen, wie der amerikanische Geldadel im späten 19. Jahrhundert lebte. Die Sammlung von Kunsthandwerk zeugt eher von Sammelleidenschaft als von Planung und Geschmack, wobei jedoch Möbel- und Glaskenner interessante Stücke entdecken können.

Von der alten Franziskanermission der Spanier, Nombre de Dios, ist nichts mehr erhalten, doch auf dem Gelände wird mit einem Kreuz und einer Andachtskapelle dem Bemühen gedacht, die Indianer zum christlichen Glauben zu bekehren. Der *Fountain of Youth* setzt Ponce de Leóns Suche nach dem Jungbrunnen gewinnträchtig fort. Hier wird den Besuchern ein Becher des Wunderwassers eingeflößt. Anschließend gibt es noch etwas über die Geschichte der Region zu hören.

Wenige Meilen südlich von St. Augustine befindet sich *Fort Matanzas*, ein Außenposten des Castillo de San Marcos. Hier konnte früher eine kleine Gruppe von Soldaten den südlichen Durchbruch des Matanzas River zum Meer gut überwachen, um sicherzustellen, daß St. Augustine nicht von der Flußseite angegriffen wurde. Ebenfalls südlich von St. Augustine liegt *Marineland*. Das inzwischen über 50 Jahre alte Aquarium ist die Keimzelle aller Delphinshows in Florida. Hier ist trotz aller Erweiterungen und Modernisierungen längst alles nicht so groß und perfekt wie in den Aquarien von Orlando oder im Süden von Florida. Doch die Besucher befinden sich näher am Geschehen, zudem ist altmodischer Charme selten in Florida.

Jacksonville, an der Mündung des St. Johns River gelegen, wird durch den Fluß zerteilt und ist eine für floridianische Verhältnisse überraschend alltägliche Stadt. Doch man hat Ambitionen: Es wird viel Geld in ein anspruchsvolles Kulturprogramm mit Konzerten, Opern, Ballettproduktionen und Museen gesteckt. Neue Naturschutzgebiete entstehen innerhalb der Stadtgrenze.

Im Vergleich mit dem Castillo de San Marcos ist das Fort Caroline nur eine maßstabsgerecht leicht verkleinerte Rekonstruktion und vermittelt einen Eindruck von den ersten Holzforts, wie sie am Anfang der Kolonialzeit üblich waren. Jean Ribault wollte hier eine Kolonie mit Hugenotten gründen, die aus Glaubensgründen aus Frankreich geflohen waren. Der Kampf mit den Spaniern im Süden bereitete den Plänen ein blutiges Ende. Das Besucherzentrum des *Fort Caroline National Monument* – erreichbar über die I-90 und Alt. I-90 am Ostufer des Flusses im Stadtviertel Arlington – informiert zusätzlich über die Geschichte, die Flora und Fauna der Region.

Die Weiterfahrt zu dem Fischerort **Mayport** lohnt allein wegen der einfachen und preiswerten Fischlokale mit fangfrischem Fisch und Meeresfrüchten. Mit der Fähre geht es weiter hinüber zu Fort George Island. Im *marshland*, dem Schwemmgebiet, in dem sich Salz- und Süßwasser mischen, befinden sich Naturschutzgebiete und State Parks mit hübschen Stränden, einem reichen Tierleben – vor allem Fische und Vögel – und einer interessanten Geschichte: Wer den Wegweisern zur Kingsley Plantation folgt, kann neben der Straße bewachsene, kleine Hügel sehen, die fast vollständig aus Muschelschalen bestehen. Diese Hügel sind letzte Hinweise auf die Timucuan-Indianer, die hier bis in die erste Kolonialzeit hinein lebten. Muscheln und Fische waren in den Gewässern im Überfluß vorhanden und Hauptbestandteil der Nahrung.

Die *Kingsley Plantation* ist eine ehemalige Zuckerrohr- und Baumwollplantage, auf der ihr Besitzer, Zephaniah Kingsley, im 19. Jahrhundert zusammen mit seiner afrikanischen Frau lebte.

Die Befestigungsanlage Castillo de San Marcos wurde im 17. Jahrhundert zum Schutz von St. Augustine errichtet.

Blick in den Innenhof des Castillo de San Marcos.

Kingsley war ein widersprüchlicher Charakter. Verheiratet mit einer Schwarzen und bestrebt, den Farbigen ein menschenwürdiges Leben zu ermöglichen, war er doch ein Befürworter des Sklavensystems. Bevor Florida den USA eingegliedert wurde, war Kingsley Plantation ein Ort, von dem aus der in den USA inzwischen verbotene Menschenhandel weiter betrieben wurde. Die Sklavenquartiere sind im Halbkreis um das Herrenhaus angeordnet, ein Arrangement, das die Herrschaftsverhältnisse klar widerspiegelt.

Von Fort George Island kann man wieder zurück nach **Jacksonville** fahren, um abends im *Jacksonville Landing*, einem Einkaufs-, Restaurant- und Unterhaltungszentrum am Flußufer, essen zu gehen oder eines der Open-air-Konzerte zu besuchen. Lohnend ist auch ein Besuch im *Museum of Science and History* (Museum für Wissenschaft und Geschichte). Da das Museum vor allem Kinder ansprechen will, sind die Ausstellungsstücke unterhaltsam und altersgerecht präsentiert. Jacksonville ist ein guter Ausgangspunkt, um die größtenteils in Georgia liegenden *Okefenokee-Sümpfe* zu besuchen. Auf Naturlehrpfaden sowie mit Kanus und auf Bootsausflügen kann dort eine der faszinierendsten Urlandschaften Amerikas erkundet werden.

Amelia Island mit dem *Fort Clinch State Park* markiert den nördlichsten Küstenabschnitt Floridas. Neben anspruchsvollen Ferienanlagen, die vor allem bei Golfern und Tennisspielern beliebt sind, gibt es den historischen Ort **Fernandina** mit Gebäuden aus der Pionierzeit, unspektakuläre Bauten, die gleichwohl einen guten Eindruck von der Epoche vermitteln. Fort Clinch, dessen Bau 1847 begann, war während des Bürgerkriegs umkämpft und diente ein letztes Mal im Spanisch-Amerikanischen Krieg 1898 als Truppenstützpunkt. Heute wird Fort Clinch State Park als Erholungsgebiet genutzt, mit einem Naturlehrpfad, Stränden und dem gut erhaltenem Fort als historischem Erinnerungsstück.

Zentrale Ostküste: Weltraumbahnhof und Traumstrände

Technik, Sport und lärmendes Vergnügen, daran denken viele Besucher, wenn von der zentralen Atlantikküste Floridas die Rede ist, von Daytona Beach und dem John F. Kennedy Space Center in Cape Canaveral. Doch das ist nicht die ganze Wahrheit. Die Strände hier können mit denen im Süden durchaus konkurrieren. Vor allem gibt es in diesem Gebiet noch mehr unbebaute Küstenabschnitte und mehr Naturschutzgebiete. Und die Geschichte hat in St. Augustine nicht haltgemacht. In der Region sind noch Relikte der Indianerkulturen und Ruinen von Plantagen und Zuckermühlen aus der Pionierzeit zu finden.

Raumfahrtzentrum Cape Canaveral: Saturn V Rakete.

Mit dem *Ocala National Forest* und dem Quellen- und Seengebiet im Landesinneren hat Floridas nördliche Atlantikküste ein leicht erreichbares und abwechslungsreiches Hinterland. Die meisten Badeorte geben sich nicht mondän, sondern unterhaltungs- und erholungsorientiert.

Sehenswürdigkeiten und praktische Hinweise

Das Seebad **Daytona Beach** ist gleichermaßen bekannt durch die Autorennen auf dem Daytona International Speedway, den mit dem Auto befahrbaren kilometerlangen Sandstrand, und durch die in den *spring breaks* (Frühlingsferien) einfallenden College-Studenten, die für einige Tage den Ort auf den Kopf stellen. Daytona gibt sich volkstümlich. Es bietet zahlreiche preiswerte Unterkünfte, Mittelklassehotels und ein umfangreiches Unterhaltungsangebot mit Diskotheken, Musiktheatern und Konzerten.

Die Rennstrecke *Daytona International Speedway* kann außerhalb der Rennsaison (Februar, März und Juli) besichtigt werden. Die Tribünen stehen immer kostenlos offen, um Training oder Testfahrten beobachten zu können. Das *Birthplace of Speed Museum* gedenkt der Tatsache, daß der Strand Daytonas von jeher mit Autos befahren wurde. Das erste Rennen fand 1902 statt, und Automobilunternehmen nutzten den festen, ebenen Sandstrand als Teststrecke für ihre Neuentwicklungen. *The Casements*, das Winterhaus des Industriemagnaten John D. Rockefeller im benachbarten Ormond Beach, erinnert an die

Kennedy Space Center: Gigantische Ausstellungsstücke.

Erschließung der Ostküste um die Jahrhundertwende durch die Eisenbahn von Flagler.

Die *Bulow Plantation Ruins* bei Flagler Beach und die *New Smyrna Sugar Mill Ruins* sind die letzten Reste einer Reihe von ungefähr zehn Zuckermühlen, die es einst an der Atlantikküste Nordfloridas gab. Der Betriebsamkeit von Daytona kann man in den *Tomoka State Park* entfliehen, eine Flußlandschaft, in der sich vom Mietkanu aus fischen oder das rege Tierleben beobachten läßt. Oder man fährt zum *Ponce de León Inlet*. Hier ist der Strand autofrei, es gibt Picknickplätze in den Dünen, einfache Lokale mit preiswertem, fangfrischem Fisch und einen historischen *Leuchtturm*, der in der flachen Gegend einen aufregenden Ausblick bietet. Gelegentlich zeigen sich Delphine oder Seekühe (Manatees).

Der *Canaveral National Seashore*, ein unter Naturschutz stehender Strand in direkter Nachbarschaft des Raumfahrtzentrums, ist mit dem Auto

In der Nebensaison hat man am Strand von Daytona Beach nicht viel Verkehr zu befürchten.

nur über New Smyrna Beach (A1A) oder über die S-406 und S-402 von Titusville aus zu erreichen. Die Küstenlandschaft ist nicht nur ein guter Beobachtungsort für Seevögel, wie die zahlreichen Watvögel oder Pelikane, auch die vom Aussterben bedrohten Manatees haben hier ein Rückzugsgebiet. In den Besucherzentren am Apollo Beach im Norden und an der S-402 im Süden gibt es Informationen zu der empfindlichen Dünenlandschaft dieser Region. Der *sea oat* (Seehafer) steht in ganz Florida unter Naturschutz. Diese Pflanze befestigt mit ihren Wurzeln die Dünen und gibt ihnen so Halt und Nährstoffe für den nachfolgenden Bewuchs.

Die bekannteste Sehenswürdigkeit an diesem Küstenstrich ist *Spaceport USA*, das Besucherzentrum des *John F. Kennedy Space Center*. Hier wird die Geschichte der amerikanischen Raumfahrt dokumentiert. Im Raketengarten befindet sich das technische Gerät. Neben diesen kostenlosen Informationen gibt es gegen Bezahlung Busrundfahrten durch das NASA-Gelände und einen Film über die Raumfahrt im IMAX-Kino.

Es werden zwei Bustouren angeboten, die mit unterschiedlichen Schwerpunkten das Raumfahrtzentrum erschließen. Aus Sicherheits- und aus Geheimhaltungsgründen, je nach aktuellem Stand, können die Routen geändert werden. Der in einem Spezialverfahren aufgenommene IMAX-Film setzt ganz auf die Macht der Bilder. Die Zuschauer können eine Spaceshuttle-Mission aus dem Blickwinkel der Astronauten miterleben. Da Busse und IMAX-Kino nur eine begrenzte Anzahl Besucher am Tag bewältigen können, sollte man sich gleich nach der Ankunft Eintritts- und Fahrkarten besorgen. Die Wartezeit kann man zur Besichtigung des Besucherzentrums nutzen.

Da Spaceport USA sich auf militärischem Sicherheitsgebiet befindet, sind nur zwei Straßen für den öffentlichen Verkehr freigegeben: aus dem Süden die S-401, aus dem Westen die S-405. Immer der Beschilderung zum Kennedy Space Center und nicht der nach Cape Canaveral folgen. Die Fahrt entlang der A1A von Cocoa Beach aus nach Süden führt zu kleinen Wohn- und Badeorten mit zahlreichen Zugängen zum Strand.

Südosten: Grenzland zwischen Karibik und den USA

Wenn von Florida die Rede ist, dann fällt sofort der Name **Miami**. Die Stadt wird oft gleichgesetzt mit der stürmischen Entwicklung, die Südflorida in den letzten acht Jahrzehnten genommen hat.

Neben dem Tourismus machte die verkehrsgünstige Lage, wodurch die Stadt zur Metropole. Miamis Flugplatz ist eine wichtige Drehscheibe im Verkehr zwischen Nord- und Südamerika, vom passagierstärksten Hafen der USA aus befahren Kreuzfahrtschiffe die gesamte Karibik.

In Miami trifft die spanisch geprägte Kultur der Karibik auf die anglo-amerikanische der USA. Das so entstehende Gemisch sorgt für Lebendigkeit, aber auch für Probleme.

Seit der kommunistischen Revolution auf Kuba 1959 ist Miami Fluchtort und neue Heimat für zahlreiche Exilkubaner. Zusammen mit den Immigranten aus Puerto Rico spricht inzwischen mehr als die Hälfte der Bevölkerung spanisch. Ohne entsprechende Sprachkenntnisse und den kulturellen Hintergrund kann niemand mehr Bürgermeister werden. Während zahlreiche sogenannte Hispanics (die spanischstämmige Bevölkerung) am wirtschaftlichen Erfolg teilhaben, leben viele Schwarze verarmt in Ghettos und Slums. Damit ist Miami den anderen Großstädten der USA nur zu ähnlich.

Miami ist seiner verkehrsgünstigen Lage wegen allerdings auch zu einem Umschlagplatz und illegalen Einfuhrhafen für Drogen geworden. Wie in den meisten Großstädten der USA können soziale Konflikte und kriminelle Energie in Miami eine gefährliche Verbindung eingehen. Offensichtlich wurde dies im Jahr 1993, als auch mehrere Touristen Opfer brutaler Raubüberfälle wurden, teilweise sogar mit tödlichem Ausgang.

Auf der Miami vorgelagerten Halbinsel Miami Beach bleiben diese sozialen Probleme meist im

Die Skyline von Miami mit dem Bayside Marketplace.

Die »Norway« im Hafen von Miami, dem Tor zur Karibik. Dieser Hafen hat das stärkste Passagieraufkommen in den USA.

Hintergrund. Hier ist die Renovierung des Art Deco Districts äußeres Zeichen dafür, daß man die wirtschaftliche und touristische Krise der späten sechziger und der siebziger Jahre überstanden hat. Als architektonisches Kleinod umstritten, stellen die Stromlinienfassaden der Hotels aus den dreißiger Jahren heute eine modische Filmkulisse dar, der Ocean Drive ist Flaniermeile und Tummelplatz für Models und Möchtegernstars. Geschäftstüchtige Unternehmer entdecken den wirtschaftlichen Nutzen von Fassaden- und Gesamtkunstwerken, Fotografen das Licht und das extravagante Ambiente.

Wer es sich leisten kann, kauft sich in den Nobelvierteln von North Miami Beach, Fort Lauderdale, Boca Raton oder Palm Beach eine Villa. Manchmal bieten sich von der Straße oder vom Boot aus Durchblicke auf bonbonfarbene Phantasiearchitektur, auf üppige Parkanlagen und teure Autos, doch meistens verwehren hohe Mauern, Bäume oder Sicherheitsbeamte diese Neugier. In vielen Vierteln ist das Anhalten auf der Straße verboten. Kleine, dem Festland vorgelagerte Inseln sind häufig als exklusive Wohnanlagen für den öffentlichen Verkehr gesperrt. Doch es gibt eine große Anzahl an Hotel- und Motelanlagen, die das Image des Küstenstrichs und den schier endlosen Atlantikstrand auch preiswert anbieten. Die Fülle des Bettenangebots drückt trotz der großen Beliebtheit dieser Gegend auf die Preise, gerade das wissen die zahlreichen Badeurlauber, die hierher kommen zu schätzen.

Obwohl Miami und die weiter südlich liegenden Städte Florida City und Homestead am 24. August 1992 vom Hurrikan Andrew Zerstörungen in Milliardenhöhe zu erleiden hatten, sind die Spuren heute für den Tourismus nicht mehr spürbar. In Miami wurden Palmenboulevards neu bepflanzt und die Schäden an Hotels behoben.

Direkt vor Miami beginnt mit Key Biscayne die Inselkette der Keys, die von Key Largo bis nach Key West durch die A-1 erschlossen wird. Die Fahrt übers Meer von einer Insel zur anderen gehört zu einer der faszinierendsten Kuriositäten, die Florida zu bieten hat. Heute leben die Conchs, wie die Einheimischen der Keys genannt werden, fast ausschließlich vom Tourismus. Fischen wird nur noch als Freizeitvergnügen betrieben, und die Bedeutung von Key West als Hafen und Militärstützpunkt ist seit dem Zweiten Weltkrieg immer weiter zurückgegangen.

Faszinierend sind die *Korallenriffe* vor *Elliott Key* und *Key Largo*. Allerdings ist die Existenz dieses einzigen Korallenriffs der Kontinental-USA durch die zahllosen Motorbootfahrer, Taucher und die Einflüsse der nahen Großstadt stark gefährdet.

Sehenswürdigkeiten und praktische Hinweise

Die Südostküste Floridas ist gerade bei den Besuchern aus Übersee sehr beliebt, deshalb werden hier Serviceleistungen angeboten, nach denen

Autobahngewirr in Miami.

man anderswo vergeblich sucht. Ausflüge für deutschsprachige Touristen und die Transferleistungen der Hotels machen es auch nicht so erfahrenen Reisenden leicht, sich in diesem Feriengebiet zurechtzufinden.

Die Badeorte zwischen Palm Beach und Miami unterscheiden sich nur wenig. Alle Orte bieten ein vielfältiges Angebot, das von Museen und Theatern bis zu Freizeitparks reicht. Sport in allen Varianten gibt es für Aktive wie Zuschauer. Fast alle Orte bieten Kurzkreuzfahrten und Bootsausflüge zu den Bahamas oder hinaus aufs Meer.

Palm Beach zeigt sich Außenstehenden als eine abweisende Oase der Exklusivität. Das mondäne Breakers Hotel und Whitehall, das Herrenhaus des Eisenbahnmagnaten Henry M. Flagler, zeugen von der Lebensart, die der Geldadel Amerikas hier seit der Jahrhundertwende pflegt. Whitehall kann als *Flagler-Museum* besichtigt werden. Auf der *Worth Avenue* sind Nobelboutiquen und Juweliere aneinandergereiht. Volkstümlicher Kontrast zu Palm Beach ist der etwa 25 Kilometer westlich gelegene Safaripark *Lion Country Safari*.

Die Stadt **Fort Lauderdale** nennt sich selbst gern Venedig der USA. Doch die vielen Kanäle hier sind aus dem Wunsch der Bewohner entstanden, ein Haus am Wasser zu haben, und nur einige Motorboote, die wie Gondeln aussehen, sind die einzigen Anknüpfungspunkte an das Vorbild Venedig. Trotzdem sind die unzähligen Schiffe und Boote im Bahia Yacht Club imponierend.

Ocean World heißt die hiesige Variante der Delphin-, Hai- und Alligatorenvorführungen. Die Geschichte dieser Region läßt sich im *Fort Lauderdale Historical Museum* und im *Archäologischen Museum* erkunden. Im *Discovery Center* darf man die Ausstellungsstücke auch anfassen.

In **Miami** und **Miami Beach** dominieren schnelllebige Moden das vielfältige Angebot. Deshalb nur ein Blick auf die festen Größen: Der *Art Deco District* ist architektonisch einmalig. Als in den zwanziger und dreißiger Jahren der Bedarf an preiswerten, attraktiven Unterkünften sprunghaft anstieg, entstand dieses Viertel im Stromlinienstil, der Charakter und Atmosphäre von Ozeandampfern in die Gebäude einbringen sollte. Der Bezirk zwischen der 6. und 23. Straße in Miami Beach steht inzwischen unter Denkmalschutz. Eine sehenswerte Sammlung europäischer Maler, unter ihnen auch Werke von Rubens, befindet sich im *Bass Museum of Art*.

Coconut Grove, der älteste Teil Miamis, hat sich bis heute seinen dörflichen Charakter bewahrt. Kleine Häuser, Straßencafés und Boutiquen lassen vergessen, daß die Appartementblocks und Bürohochhäuser der Innenstadt gleich in der Nähe liegen. Zerzauste Bäume, deutlich gelichteter Grundstücksbewuchs und Alleen, die keine mehr sind, zeugen vom Hurrikan Andrew, der 1992 den Großraum Miami streifte. Coconut Grove wurde 1888 gegründet. Aus dieser Zeit stammt *The Barnacle*, das Wohnhaus des Seglers und Fotografen Ralph Munroe, der hier seinen Traum vom naturnahen Leben verwirklichen wollte.

Der Bezirk um die Calle Ocho, die 8. Straße, gleich hinter den Blöcken der Bankhochhäuser wird *Little Havanna* genannt und ist Zentrum der kubanischen Einwanderer. Hier findet das Leben zum großen Teil im Freien und nicht in klimatisierten Räumen statt. Es gibt Straßencafés, Varietés und Nachtklubs sowie ausgezeichnete Restaurants mit karibischer Küche. In den Stadtteilen Coral Gables, Hialeah, Miami Springs und Opa Locka stößt man immer wieder auf architektonische Eskapaden, mit denen die geistigen Väter dieser Siedlungen mediterranes oder orientalisches Flair in die Phantasie- und Ferienwelten einbringen wollten.

Der *Bayside Marketplace* ist ein Einkaufs- und Vergnügungszentrum mit Blick auf die Bucht, die Insel von Miami Beach, den Kreuzfahrthafen und Key Biscayne. Hier legen die Wassertaxis von Miami Beach an, mit denen man auch ohne Auto vom Urlaubshotel in die Innenstadt Miamis gelangen kann. Das Hardrock Café hat am Hafenbecken seine phonstarke südfloridianische Filiale eröffnet. Vom Marketplace aus erschließt der Metromover, ein fahrerloses Hochbahnsystem, die Innenstadt von Miami. Mit ihm kann man auch leicht das *Metro-Dade Cultural Center* erreichen, in dem das Kunstmuseum *Center for the Fine Arts* und das interessante *Historical Muse-*

Sehenswertes Haus im Art Deco District von Miami.

Balkongitter in filigranem Schmiedeeisen in Miami.

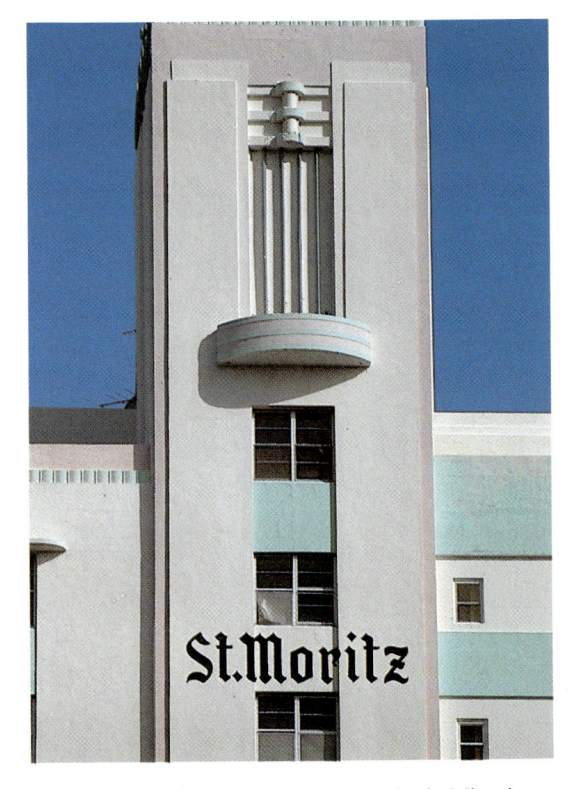

Fassade im Art Deco District – St. Moritz in Miami.

um of Southern Florida untergebracht sind. Letzteres bietet eine abwechslungsreiche Einführung in die Geschichte der Region.

Eine gute Investition ist die Brückenmaut für die Benutzung des Rickenbacker Causeway nach **Key Biscayne**. In unmittelbarer Stadtnähe hat man

Er wartet auf seinen Auftritt in der Seashow.

einen herrlichen Blick auf die Skyline von Miami. Das *Miami Seaquarium* zeigt Shows mit Delphinen, Killerwalen und Seelöwen.

Am Südende der Insel befindet sich das Erholungsgebiet von *Cape Florida*. Der alte Leuchtturm von 1825 warnte die Seeleute vor den Untiefen beim Umschiffen Südfloridas.

Die Pflanzenwelt im Erholungsgebiet war bis 1992 der letzte Rest natürlicher Vegetation auf Key Biscayne, als der Hurrikan Andrew vor allem den Palmen heftig zusetzte. An den Wochenenden und beim Tennisturnier jedes Jahr im Februar platzt Key Biscayne aus allen Nähten.

Wieder auf dem Festland liegt etwas südlich des Rickenbacker Causeway *Vizcaya Museum and Gardens*. Der Industrielle James Deering ließ sich diese Winterresidenz im italienischen Renaissancestil bauen. Das pompöse Anwesen wird heute für Repräsentationszwecke genutzt. Der Garten wurde ebenfalls ein Opfer des Hurrikans Andrew.

Viele Tropenparks mit Papageien, Affen oder Orchideen liegen im Großraum Miami verstreut. Eine Kuriosität ist das südlich Miamis an der A-1 gelegede *Coral Castle*. Aus riesigen Quadern von Korallenkalk errichtet, beflügelt es die Phantasie seiner Besucher. Edward Leedskalnin, ein schmächtiger Mann, soll seinen Kummer über eine unglückliche Liebe in die mehrere Tonnen schweren Steinblöcke gemeißelt haben.

Homestead und **Florida City** wurden durch den Hurrikan Andrew zu über 80 Prozent zerstört, aber rasch wieder aufgebaut. Die Orte sind gute Ausgangspunkte für Ausflüge in den *Everglades National Park*, den *Biscayne National Park* und auf die Keys, besonders nach Key Largo mit dem *John Pennecamp Coral Reef State Park*.

Bootfahren, Tauchen und Schnorcheln sind die Hauptbeschäftigungen auf den Keys. Allerdings ist die Korallenwelt mit ihrer Vielfalt an zutraulichen Fischen stark gefährdet.

Die von den Parkverwaltungen konzessionierten Veranstalter von Schnorchel- und Tauchausflügen geben Hinweise zum richtigen Verhalten und nennen gute Tauchgründe. Mit Glasbodenbooten läßt sich die Unterwasserwelt auch trocken bewundern. Wer allein sein möchte, kann mit dem Kanu ruhige Plätzchen zwischen den Mangroveninseln finden. Kleine Strände und Naturcampingplätze ergänzen das Angebot.

Der Everglades National Park

Von Miami aus gibt es zwei Zufahrtsmöglichkeiten zum *Everglades National Park*: Über Homestead in den Südteil oder über die A-41 (Tamiami Trail) in das Shark Valley im Norden. Die beste Einführung bietet der Südteil mit verschiedenen Naturlehrpfaden, die einzelne Aspekte des Lebens in dieser Feuchtlandschaft erläutern. Mindestens einen Tag sollte man sich Zeit für Spaziergänge und Tierbeobachtungen nehmen, um die Reize der auf den ersten Blick eintönig wirkenden Landschaft zu entdecken.

Am Anhinga Trail lassen sich Reiher, Anhingas (eine Tauchvogelart), Schildkröten und Alligatoren gut beobachten. Die auffälligsten Vögel im Park sind die schneeweißen reiherähnlichen Egrets. Der benachbarte Gumbo Limbo Trail erläutert das Zusammenspiel der verschiedenen Pflanzenarten, vor allem, wie absterbende Pflanzen auf dem nährstoffarmen Boden als Grundlage für neues Pflanzenwachstum dienen.

Die *Pinelands* sind Überreste einer früher verbreiteten Vegetation. Auf dem trockenen Boden, der nur wenige Zentimeter höher gelegen ist als das Feuchtland, wächst ein lichter Pinienwald. Von

Delphinshows haben Tradition in Florida. Diese liebenswerten Tiere können erstaunliche Kunststücke vollbringen.

der Aussichtsplattform Pay-hay-overlook läßt sich die Vielfalt der Landschaft gut studieren: Die Sawgrass Prairie (Schilfgras-Prärie) im tiefer gelegenen Feuchtgebiet, dazwischen die fast kreisrunden *hammocks* (dichtbewachsene Pflanzeninseln aus Tropengewächsen) auf kleinen, kegelförmigen Erhöhungen von etwa einem Meter. Die viel Feuchtigkeit liebenden Zypressen stehen in Wasserlöchern, die auch in der Trockenzeit den Bäumen die für sie notwendige Flüssigkeitsversorgung garantieren.

Einen genaueren Blick auf die über 100 Arten von Pflanzen bietet die Pflanzeninsel Mahogany Hammock, auf der unter anderem Mahagoni wächst. Der West Lake Trail schließlich verdeutlicht die Eigenart der Mangroven, in dem Gemisch von Salz- und Süßwasser das ökologische

Die Everglades sind ein Dorado für Wasservögel.

Gleichgewicht zu erhalten. In **Flamingo**, am südlichen Ende der Straße, werden Mietkanus oder Bootsfahrteno angeboten. Vom Wasser aus kann man Pelikane oder die rosafarbenen *spoonbills* (Löffelreiher) besser beobachten. Die ersten Siedler hielten sie fälschlicherweise für Flamingos und gaben dem Ort deshalb seinen Namen.

Im Besucherzentrum erfährt man die aktuelle Moskitolage und kann ein Insektenschutzmittel kaufen. Die Campingplätze sind nur im Winter bewohnbar, im Sommer gibt es zu viele Moskitos. Wer viele Tierarten sehen möchte, sollte im Winter kommen, wenn in der Trockenzeit nur die Wasserlöcher letzte Rückzugsgebiete sind.

Das *Shark Valley* liegt im Norden des Parks am Tamiami Trail und ist von Miami aus schnell zu erreichen. Es läßt sich entweder mit einem Ausflugsbähnchen oder mit einem Mietfahrrad befahren. Wenn man die Bahn nimmt, führen die begleitenden Ranger in die Eigenarten von Landschaft und Tierwelt ein.

Direkt neben dem Parkeingang befindet sich das **Miccosukee-Dorf**, in dem die Seminolen-Indianer ihre traditionelle Lebensweise vorstellen, Alligatorenringkämpfe zeigen und Kunsthandwerk verkaufen. Auf der nördlichen Straßenseite des Tamiami Trails liegen Airboats (Boote mit flachem Rumpf und Propellerantrieb) bereit, mit denen die Indianer Touristenausflüge in den Teil der Everglades, der nicht zum Nationalpark gehört, durchführen.

Florida Keys

Südlich von Homestead weist die A-1 über die Inselkette der **Florida Keys** den Weg nach Key West: Etwa 200 Kilometer über Inseln und über 43 Brücken (42 über Wasser, eine über eine andere Straße) bis zum Endpunkt des Highway. Ein Inselurlaub in der Karibik mit Highwayanschluß ist die einzigartige Attraktion der Keys. Hier findet man ein Angebot an guten Mittelklassehotels und anspruchsvolle Ferienanlagen wie beispielsweise die besonders umweltbewußt wirtschaftende *Cheeca Lodge* auf **Islamorada**.

Für Stippvisiten auf den Keys bieten sich vor allem die State Parks und Museen an. Neben dem schon erwähnten John Pennekamp Coral Reef State Park gibt es die *Bahia Honda State Recreation Area*. Sie verfügt über einen auf den Keys einzigartigen Strand und karibische Pflanzen. Es gibt einen Campingplatz und *cabins* (Hütten), in denen man übernachten kann.

Auf den Middle Keys um den Hauptort **Marathon** ist das *Dolphin Research Center* zu finden, in dem der Delphin Flipper aus dem gleichnamigen Film seine Heimat hatte. Heute widmet sich das Center der Pflege der Meeressäuger. Das *Museum of Natural History of the Florida Keys* macht mit Geologie, Flora und Fauna der Inselwelt bekannt.

Über die Insel Big Pine Key sollte man vorsichtig fahren. Dort ist im *National Key Deer Wildlife Refuge* eines der letzten Rückzugsgebiete für das winzige Key Deer (eine Rehart). Pro Jahr werden über 100 Tiere überfahren, weil sich niemand an die Geschwindigkeitsbegrenzung hält.

Rekordjäger bewundern die Seven Mile Bridge zwischen Marathon und Bahia Honda Key, und Angelfreunde begeben sich nach Islamorada, dem Dorado für Hochseefischer. Für Einsteiger

Eine der zahlreichen kleinen Privatinseln, die in der Lagune zwischen Miami und Miami Beach liegen.

gibt es genügend Charterboote inklusive Kapitän. Key West bietet zwar zahlreiche Besichtigungsmöglichkeiten, das *Hemingway-Haus* beispielsweise oder *Mel Fishers Schatzmuseum* mit Goldschmuck aus einer spanischen Galeone, historische Häuser, ein Fort, ein Wreckermuseum der Piratennachfolger. Doch die eigentlichen Attraktionen sind die ausgelassene Atmosphäre, die *sunset celebration* (Sonnenuntergangsfeier) und die zahllosen Lokale für Nachtschwärmer, vor allem entlang der Duval Street. In Key West bieten Bed & Breakfast in den traditionellen Holzhäusern altmodische Gemütlichkeit.

Südwesten: Erholungssuche exklusiv

Als Ende der sechziger Jahre die Südostküste in die Krise geriet und die Häuser schmuddelig wurden und verwahrlosten, wanderten Badegäste wie Ruheständler, die es sich leisten konnten, nach Westen ab. Marco Island, Naples und Fort Myers profitierten davon. Hier sind die Strände kleiner und feiner, und die ihnen vorgelagerten

Die Keys – Meer so weit das Auge reicht. Diese Inseln ziehen sich von der Südspitze Floridas in westliche Richtung.

Mangroveninseln verschließen sich einer Entwicklung. Auch wenn es hier schon einige Hotels und Appartementhäuser gibt, die eigentlich nicht in die flache Landschaft passen, wird doch versucht, die Entwicklung in geordnete Bahnen zu lenken. Auf den Inseln Sanibel und Captiva zum Beispiel gelten die Palmen als Maßstab dafür, wie hoch ein Gebäude gebaut werden darf.

Sehenswürdigkeiten und praktische Hinweise

Die Bewohner dieses Küstenstrichs bevorzugen ruhige Gediegenheit, lärmende Attraktionen sind nicht gefragt. Die Strände lassen sich am besten genießen, wenn man sich hier einmietet. Kuriositäten wie das kleinste Postamt der USA in Ochopee am Tamiami Trail, zahlreiche Naturgärten und anspruchsvolle Ferienanlagen sind die eigentlichen Attraktionen hier.

Naturfreunde haben von **Everglades City** aus Zugang zum Westteil des Everglades National Parks. Vom kleinen Besucherzentrum aus kann die Tier- und Pflanzenwelt mit Ausflugsbooten und Mietkanus – auch auf geführten Kanutouren – erkundet werden. Der *Collier Seminole State Park* erschließt sich am besten zu Fuß oder mit dem Mietkanu. Zu sehen sind hier neben seltenen Tierarten wie dem Seeadler, Wappentier der USA, auch die vom Aussterben bedrohten *wood storks* (eine Storchenart) und die friedlichen Manatees oder die floridianischen Krokodile.

Corkscrew Swamp Sanctuary, das über die C-846 etwa 20 Meilen östlich von der US-41 entfernt liegt, ist ebenfalls eines der letzten Rückzugsgebiete für den wood stork. Bemerkenswert sind die Bestände an Zypressen, die hier von imponierender Größe sind. Im Schutzgebiet konnten sie älter werden, denn anderswo wird ihr hochwertiges Holz wirtschaftlich genutzt.

Der berühmteste Tourist von **Fort Myers** kam schon im 19. Jahrhundert nach Florida, um dort seine angeschlagene Gesundheit zu pflegen. Der Erfinder und Industrielle Thomas Alva Edison entdeckte 1884 diesen Flecken Erde für sich und sah geradezu prophetisch voraus, daß noch viele Besucher folgen würden: »Es gibt nur ein Fort Myers, und 90 Millionen Menschen werden das herausfinden.« Die Erfüllung seiner Prophezeiung hat er teilweise selbst verschuldet, denn 500 000 Besucher jährlich kommen allein wegen des *Edison Winter Home* hierher.

Zu bewundern gibt es neben einem umfangreichen Botanischen Garten, der Edisons Experimentierlust diente, sein Arbeitshaus, den ersten Swimmingpool des Ortes aus dem Jahr 1900, das Wohnhaus, das Labor und ein Museum, das die Erfindungen und Erinnerungsstücke zeigt. Edison hatte sich mitten in der Provinz von Florida – Fort Myers war 1884 mit 300 Einwohnern die zweitgrößte Stadt im Zentrum Westfloridas – eine zweite Arbeitsstätte eingerichtet.

Edisons Anwesen wird vom McGregor Boulevard durchschnitten, der als eine der schönsten Straßen gilt. Inzwischen ist er auf 15 Meilen Länge von Palmen gesäumt, deren erste noch dem botanischen Eifer Edisons entstammen. Eine Tradition, die inzwischen von den Einwohnern von Fort Myers weitergeführt wird.

Exklusivität ist auf den beiden Inseln **Sanibel** und **Captiva** Trumpf. Für die Landschaft wie auch für die Urlauber hat das große Vorteile. Beide Inseln präsentieren sich als wahre Oasen der Erholung mit einem gut ausgebauten Fahrradwegenetz, einem für seinen ungewöhnlichen Muschelreichtum berühmten kilometerlangen Sandstrand und dem Naturschutzgebiet *»Ding« Darling National Wildlife Refuge*, das sich über die gesamte Nordosthälfte der Insel Sanibel erstreckt.

Gewaltige Mangrovenwälder säumen die Everglades.

Der Naturpark kann auf einem Damm mit Schotterweg im Schrittempo durchfahren werden. Mit seinen flachen Buchten ist das Tierreservat vor allem ein Paradies für Zug- wie auch für Watvögel, die hier reiche Nahrung finden.

Die Freizeitparks in dieser Region konzentrieren sich auf stillere Vergnügen. In den *Everglades Wonder Gardens* in **Bonita Springs** gibt es die Tierwelt Floridas, beispielsweise Bären, Alligatoren, Krokodile und zahlreiche Vogelarten in einer recht natürlichen Umgebung zu bewundern. *Jungle Larry's Zoological Park at Caribbean Gardens* ist die exotisch anmutende Verbindung von Zoo und Botanischem Garten, in *Waltzing Waters* findet man die floridianische Version von Wasserorgel und Wasserspielen.

Zentrale Westküste: Treffpunkt des internationalen Tourismus

Während an der Ostküste Floridas Henry M. Flaglers Eisenbahnlinie der Garant für die wirtschaftlichen Entwicklung dieses Gebietes war, erschloß Henry B. Plant die Westküste der Halbinsel mit seiner Linie. Wie Flagler baute auch Plant die

Diese Winterresidenz in Fort Myers, heute Museum, ließ sich der geniale Erfinder Thomas Alva Edison bauen.

dazugehörigen Luxushotels, um die Nachfrage für die Benutzung seiner Eisenbahn zu steigern. Vergangenheit und Gegenwart der Region sind von verschiedenen kulturellen Gruppen geprägt. In Tampa bauten kubanische Einwanderer die Zigarrenindustrie auf, in Tarpon Springs konnten Griechen ihre Kenntnisse im Schwammtauchen gewinnbringend einsetzen. Die Seminolen erhielten bei Tampa ein Reservat zugestanden, in dem sie heute ihre Bingohallen und steuerbefreite Tabak- beziehungsweise Spirituosenläden für preisbewußte Floridianer betreiben.

Der riesige, auf dem Landweg erhebliche Umwege verursachende Naturhafen der Tampa Bay beeinflußte die Entwicklung der Verkehrstechnik nachhaltig. 1914 wurde zwischen St. Petersburg und Tampa die erste Luftfahrtlinie eingerichtet. Heute kürzen drei Brücken den Landweg um die Old Tampa Bay ab. Der Sunshine Skyway, der die Einfahrt in die Tampa Bay überspannt, gehört zu den spektakulärsten Bauwerken Floridas. Nachdem 1980 ein Phosphatfrachter die alte Brücke gerammt hatte und mehrere Menschen in ihren Autos in den Tod stürzten, wurde die wichtige Verkehrsverbindung mit dem Süden neu gebaut. Die Badeorte von St. Petersburg bis Clearwater sind Zentren des internationalen Tourismus. Deutsche und Skandinavier haben hier am Golf von Mexiko ihre Hochburgen. Die Strände sind gut zugänglich und weitläufig; viele Museen und Freizeitparks sorgen für Abwechslung. Die Naturparks im Norden der Region und die Attraktionen Zentralfloridas liegen für Tagesausflüge mit dem Auto in erreichbarer Nähe.

Sehenswürdigkeiten und praktische Hinweise

Überraschend in dieser auf das Strandleben konzentrierten Region ist, daß es mit den *Ringling Museen* in Sarasota und dem Dali Museum in **St. Petersburg** zwei außergewöhnliche Kunstmuseen gibt. Über die Gebäude, in denen die vom Geschäftsmann und Zirkuskönig John Ringling gegründeten Museen untergebracht sind, kann man zwar geteilter Meinung sein, nicht aber über die Qualität der Rubenssammlung, die das Museum besitzt. Sie befindet sich in dem 1928 errichteten Nachbau einer italienischen Renaissancevilla, dem *Ringling Museum of Art*. Neben Rubens zeigt das Museum einen Querschnitt durch die europäische Malerei. Auf dem gleichen Gelände befindet sich auch das Zirkusmuseum, das die Geschichte des Ringling-Imperiums dokumentiert. *Ca'd'Zan*, das Wohnhaus der Ringlings, spiegelt in seiner Phantasiearchitektur, in die viele maurisch-venezianische Elemente eingeflossen sind, den Lebensstil des amerikanischen Geldadels aus dem frühen 20. Jahrhundert wider.

Das *Salvador Dali Museum*, das südlich der Innenstadt von St. Petersburg liegt, ist durch die Unterstützung von Mäzenen entstanden. Das Ehepaar A. Reynolds und Eleanor Morse fand über seine Sammelleidenschaft den persönlichen Kontakt

Am exklusiven Strand von Sanibel Island.

zu Dali. Das 1982 eröffnete Museum beherbergt eine umfangreiche Sammlung, in der die malerische Entwicklung des Künstlers dokumentiert ist. In **Bradenton**, südlich der Tampa Bay, erinnert das *De Soto National Memorial* daran, daß der spanische Eroberer Hernando de Soto 1539 hier landete. Das Besucherzentrum erläutert die geschichtlichen Hintergründe, und manchmal, vor allem an Wochenenden, schlüpfen die Ranger in zeitgenössische Kostüme, um Szenen aus dem Leben der spanischen Eroberer nachzuspielen. Der Aufschwung des modernen **Tampa** und von St. Petersburg begann erst um die Jahrhundertwende. Vincente Martinez Ybor hatte seine Zigar-

renproduktion nach der kubanischen Revolution 1869 erst nach Key West verlegt. Da er dort aber Probleme mit den Arbeitskräften bekam, kaufte er 1885 östlich des alten Tampa ein riesiges Gelände, auf dem er neben den Fabrikgebäuden eine komplette Stadt für seine Arbeiter baute.
Ybor City ist heute ein architektonisches Denkmal dieser Zeit. Das *Ybor City State Museum* gibt

In Sanibel Island grenzt man sich gern ab.

eine Einführung in die Geschichte und Kultur des lateinamerikanischen Viertels.
Das *Columbia Restaurant*, im Jahr 1905 entstanden und das älteste Restaurant Floridas, nimmt einen ganzen Häuserblock ein.
Das *Henry B. Plant Museum*, im alten Tampa Bay Hotel westlich des Stadtzentrums gelegen, läßt noch etwas vom Luxus und der Atmosphäre der ersten Nobelhotels Floridas erahnen.
Busch Gardens im Norden von Tampa ist in seiner Größe, mit den Eintrittspreisen und gemessen an dem Besucheransturm als Freizeitpark mit Disney World durchaus vergleichbar. Aus den ursprünglichen Brauereiführungen und einem Zoo ist ein Themenpark entstanden, in dem verschiedene Tiere, ein Architekturensemble der Stadt Marrakesch und eine außergewöhnliche Achterbahn die Hauptanziehungspunkte sind.
Südlich der Tampa Bay in **Ellenton** findet sich mit der *Gamble Plantation* ein Relikt aus der Pionierzeit des frühen 19. Jahrhunderts, als die Amerikaner die Grenzen des Siedlungsraums immer weiter in den Süden schoben. Trotz einer guten technischen Ausstattung konnten sich die Zuckerrohrpflanzer jedoch nicht durchsetzen.

Das Herrenhaus erinnert an die Architektur der Südstaatenbauten, ist aber wesentlich kleiner.
St. Petersburg war zwar schon um die Jahrhundertwende ein bekannter Ferienort, doch seine eigentliche Entwicklung setzte erst in den Boomjahren von 1924 bis 1926 ein. Heute gehen die vielen Badeorte zwischen St. Petersburg Beach und Clearwater ineinander über.

Ein Palmwedel streift das Beach Hotel in St. Petersburg.

In St. Petersburg finden Kunstliebhaber das *Museum of Fine Arts*, Pflanzenfreunde die *Sunken Gardens*. Dieser Botanische Garten zeigt vor allem exotische, farbenprächtige Pflanzen. *Tiki Gardens* dagegen ist nur für abgehärtete Naturen geeignet, die polynesischen Kitsch ertragen können. Dem zugebauten Küstenbereich kann man Richtung Süden auf die Inseln des Fort de Soto Park entfliehen. Neben schönen Stränden gibt es hier auch empfehlenswerte Campingplätze.
Im Vogelhospital *Suncoast Seabird Sanctuary* von Indian Shores betreibt der Tierarzt und Zoologe Ralph Heath Erste Hilfe vor allem für die zahlreichen, durch Angelhaken verletzten Pelikane. Wer mit einer Spende die Arbeit dieser Institution unterstützt, hilft damit Ralph Heath, weiterhin ohne öffentliche Unterstützung auszukommen.
Nördlich von Clearwater werden schöne Strände rar. Der Ort **Tarpon Springs** erlebte seinen Aufstieg um die Jahrhundertwende, als die Schwammvorkommen vor Key West durch einen Virus dezimiert wurden. Der griechischstämmige Taucher John Corcoris rief seine Brüder aus der Heimat zu Hilfe, um mit ihnen die Schwammförderung vor Tarpon Springs zu organisieren. Heute

ist allerdings in Tarpon Springs das Shrimpfischen von größerer Bedeutung.
An den Schwammpiers werden im *Spongeorama* und der *Sponge Exchange* (der Schwammbörse) das Schwammtauchen und die Verarbeitungstechniken erläutert. Es gibt hier griechische Musik, griechisches Essen, und wenn es nicht die griechisch-orthodoxe St. Nicolas Kathedrale gäbe, würde man alles nur für Folklore halten.
Bei Amerikanern sehr beliebt ist das Unterwasserballett, das die »Seejungfrauen« von *Weeki Wachee Springs* zeigen. Doch selbst Dschungelfahrten und eine Raubvogelshow können naiven Besuchern aus Übersee nicht helfen, diesen Kulturschock zu überwinden. Der *Homosassa Springs State Wildlife Park* ist ein naturkundlich orientierter Park. Hier leben unter anderem Seekühe, Alligatoren und Bären. Auf den organisierten Fahrten durch die Dschungelgebiete bemühen sich

Pastellfarben – ein Markenzeichen Floridas.

die Ranger, den Blick der Teilnehmer für den Naturschutz und dessen Probleme zu schärfen.

Der Panhandle

Panhandle, Pfannenstil, heißt das ganz andere Florida. Schon auf der Landkarte sieht der schmale Küstenstreifen, der durch politische Grenzen entstanden ist, wie ein Anhängsel der floridianischen Halbinsel aus. Hier liegt Tallahassee, Hauptstadt und Verwaltungszentrum. Floridas eigenwillige Form und die lange Nordgrenze des Panhandle dokumentieren noch heute die Kolonialgeschichte. Sie zeigen, wo der spanische

Charakteristisch für den Panhandle, den Nordwesten Floridas, sind die vorgelagerten Laguneninseln mit schneeweißen Sandstränden.

Einflußbereich im Norden an den britischen und im Westen an den französischen grenzte.

Der Norden ist ganz anders, als man es in Florida erwartet. Die Ausläufer der Appalachen, des Mittelgebirges der Oststaaten, erstrecken sich bis nach Tallahassee. Der Highway I-10, die Hauptverbindung in Ost-West-Richtung, führt über hügeliges Gelände; die Städte und Orte in diesem Gebiet geben sich im besten Sinne provinziell. Hektische Geschäftigkeit ist verpönt, kulturelle Reibungen ebenso. Das Leben läuft in bekannten Bahnen, zum Nachteil derer, die auf Veränderung angewiesen sind, vor allem der schwarzen Bevölkerung. Südstaatenvillen mit Terrassen und Säulenvorbau, Plantagenhäuser und Stadtensembles mit Schmiedeeisenbalkonen und Feuerleitern erinnern an die Architektur der klassischen Südstaaten Georgia, Alabama und Louisiana.

Sehenswürdigkeiten und praktische Hinweise

Die geographische Lage von Floridas Hauptstadt und Sitz der Verwaltung **Tallahassee** hat einen geschichtlichen Hintergrund. Die Stadt wurde im Jahr 1824 hier gegründet, weil es auf halbem Weg zwischen St. Augustine und Pensacola lag, den Zentren von West- und Ostflorida.

Unmittelbar hinter dem Alten Kapitol, dessen baulicher Kern aus dem Jahr 1845 stammt, ragt das Neue Kapitol, ein modernes, 22stöckiges Bürohochhaus, in die Höhe. In den siebziger Jahren wurden Teile des Alten Kapitols abgerissen, um Platz für das neue Gebäude zu schaffen. Heute präsentiert sich das Alte Kapitol im Zustand von 1902, mit zwei Seitenflügeln, in denen die beiden früheren Versammlungsräume von Senat und Repräsentantenhaus untergebracht sind. Das *Alte Kapitol* dient als historisches Museum, das *Neue Kapitol* kann auch besichtigt werden. Von der obersten Etage bietet sich eine atemberaubende Aussicht auf Tallahassee. Die flachen Gebäude außerhalb des Regierungsbezirks verschwinden unter einem Dach von Eichenwipfeln. Richtung Norden blickt man in die hügeligen Ausläufer der Appalachen, nach Süden bis in die Küstenebene des Golfs von Mexiko.

Im Regierungsbezirk liegt das *Museum of Florida History,* das sich vor allem mit der Sozialgeschichte Floridas und der indianischen Vorgeschichte befaßt. Gegenüber des Alten Kapitols steht die *Union Bank* aus dem Jahr 1841, das älteste Bankgebäude Floridas. Beispiele für die Architektur der Gründerjahre finden sich auch in der *Calhoun Street* und vor allem an der *Park Avenue,* die mit ihren alten Holzhäusern noch heute eine bevorzugte Wohngegend im Stadtzentrum ist.

Etwa auf halbem Weg zwischen Tallahassee und Pensacola liegt in der Umgebung von Marianna der *Florida Caverns State Park* mit einem System von Kalksteinhöhlen, das durch geführte Touren teilweise zugänglich gemacht wird. Das Erholungsgebiet bietet Wandermöglichkeiten, Gele-

Ein Holzpier im Küstenbereich des Panhandle.

genheiten zum Schwimmen im Quellwasser und zum Kanufahren sowie einen Campingplatz.

Pensacola blickt auf eine bewegte Vergangenheit zurück. Die Bucht, an der die Stadt liegt, wurde schon von den ersten Eroberern des Landes als Naturhafen geschätzt. Der Versuch einer ersten Ortsgründung 1559 schlug fehl. Es dauerte über 100 Jahre, bis die Bucht durch die Kolonialmächte erneut erschlossen wurde.

Wirtschaftliche Grundlage Pensacolas war bis zur Vernichtung der Urwälder die Forstwirtschaft, die Ziegelbrennerei, die Material für den Bau der Forts während der Bürgerkriegszeit lieferte, und die Fischereiindustrie. Heute lebt der Ort vorwiegend von einem maßvollen Tourismus – man rühmt sich nicht ganz zu Unrecht, die schönsten Strände der Welt zu haben – und der Basis der Marineflieger auf der Pensacola Naval Air Station. Mit den historischen Bezirken im Stadtzentrum vermittelt Pensacola einen Eindruck, wie die Orte entlang der Golfküste um die Jahrhundertwende ausgesehen haben mögen. Am interessantesten sind der *Seville Historic District* und der *Palafox Historic District*. Im Palafox Historic District stehen Ziegelbauten aus dem frühen 20. Jahrhundert. Teilweise mit schmiedeeisernen Balkonen und Feuerleitern versehen, erinnern sie an die Südstaatenarchitektur, wie sie von New Orleans bekannt ist. Der Seville Historic District ist zum Museumsbezirk umfunktioniert. In den Holzhäusern, alten Lagerhäusern und in der *Old Christ Church* werden die verschiedensten Aspekte der Geschichte beleuchtet, wobei das Hauptgewicht auf dem Alltagsleben liegt.

Eine klassizistische Gebäudefront in Tallahassee.

Backsteinfassaden in Tallahassee. Die Hauptstadt Floridas liegt in den südlichen Ausläufern der Appalachen.

Moderner Militär- und Flugtechnik widmet sich das *National Museum of Naval Aviation*, das zu den bedeutendsten Museen seiner Art gehört und auf dem Gelände der Marinefliegerbasis liegt, der Heimat der Kunstflugstaffel »Blue Angels«.

Hier, westlich des Stadtzentrums, lohnt der Besuch von *Fort Barrancas*. Während des Bürgerkriegs lagen sich in diese Festung und dem nur knapp eine Meile entfernten Fort Pickens auf der gegenüberliegenden Insel Santa Rosa die verfeindeten Truppen gegenüber. Fort Pickens gelangte außerdem zu zweifelhafter Berühmtheit, als der Apachenhäuptling Geronimo 1886 mit Stammesgenossen aus dem Westen nach Florida deportiert wurde. Der inhaftierte Häuptling wurde sogar zu einer Touristenattraktion entwürdigt, als sich Tausende von Neugierigen über die Bucht zum Fort rudern ließen.

Der einmalige Strand, der an manchen Stellen wie feiner Kristallzucker aussieht, erstreckt sich mit seinen Dünenlandschaften von Santa Rosa Island nach Osten bis Apalachicola und ist auf weiten Strecken unbebaut. Im nächsten größeren Ort, **Fort Walton Beach**, informiert das *Gulfarium* über die Tierwelt des Golfs von Mexico und das *Indian Temple Mound Museum* über die mehrere 1000 Jahre alte Indianerkultur.

Zwischen Fort Walton Beach und Panama City befinden sich mehrere kleine Badeorte, von denen **Seaside** der bemerkenswerteste ist. In einem mit mehreren Preisen ausgezeichneten architektonischen Experiment ist ein Ferienort entstanden, der sich in seiner Konzeption an dem Ideal alter Dörfer orientiert. Hier ist Autofahren verboten, in den Gärten der Holzhäuser beließ man den natürlichen Pflanzenbewuchs. Manche der Privathäusern werden als Ferienwohnungen an Touristen vermietet.

Panama City wird oft als einfaches, häßliches Bade- und Vergnügungszentrum abgetan. Doch nirgendwo sonst in Florida kann man preiswerter seinen Urlaub am Strand verbringen, der hier *miracle mile*, zauber(hafte) Meile, genannt wird. Im Hochsommer quillt Panama City freilich über von Urlaubern aus Georgia und Alabama.

Die Küste zwischen Panama City und Apalachicola gehört zu den ruhigsten Küstenabschnitten Floridas, der für Naturfreunde viel zu bieten hat. Nahe Port St. Joe, wo in einem historischen Museum der Verhandlungen zur ersten Verfassung Floridas gedacht wird, liegt der *St. Joseph Peninsula State Park*. Naturstrände und ein Netz von Wanderpfaden, von denen aus man vor allem die reichhaltige Vogelwelt beobachten kann, Ferien-

hütten und ein Campingplatz machen den Park zu einer ebenso ruhigen Oase wie den *St. George Island State Park*, der einige Meilen östlich liegt. Beide Parks sind während des Herbstes und im Frühjahr Rastplätze für zahlreiche Zugvögel.
In **Apalachicola** herrscht noch heute eine Atmosphäre wie zur Pionierzeit. Das ruhige Nest ist vor allem bei Feinschmeckern als Austern-Hauptstadt bekannt. Außerdem gedenkt das *John Gorrie State Museum* des Landarztes, der als Erfinder einer Luftmaschine erstmals das Prinzip der Klimaanlage verwendete, um dadurch Fieberkranken Linderung zu verschaffen. Gorrie wurde allerdings weder glücklich noch reich mit seiner Idee, denn er ließ sie sich nicht patentieren. Pionierzeitatmosphäre herrscht im renovierten Holzbau des *Gibson Inn*, einem Hotel der Jahrhundertwende mit umlaufender Veranda.
Die Quelle von *Wakulla Springs*, nur wenige Meilen südlich von Tallahassee, ist ein angenehmer Kontrast zu anderen, für den Tourismus erschlossenen Quellen. Die stilvolle Wakulla Springs Lodge bietet nicht nur Übernachtungsmöglichkeiten, sondern ist auch Kongreßzentrum der Florida State University. Die Reste des nordfloridianischen Urwalds werden sorgfältig vor den Menschen geschützt, die Dschungelfahrten entlang des zypressenbestandenen Flußufers bieten die einzige Gelegenheit, die vielfältige Tier- und Pflanzenwelt zu entdecken. Da anderer Bootsverkehr verboten ist, leben hier unzählige Alligatoren, Ibisse, Reiher, Anhingas und Schildkröten. Das Quellbecken der tiefsten Süßwasserquelle der Welt ist im Sommer für Schwimmer geöffnet. In den dreißiger Jahren war dieses Gebiet Kulisse für einen Tarzanfilm, in dem der Hauptdarsteller, Johnny Weissmuller, seinen berühmten Urschrei in den Dschungel brüllte.

In Floridas Geschichte wehten die verschiedensten Flaggen über dem Land. Seit 1845 ist es das Sternenbanner.

Zeittafel

Etwa **12 000 v. Chr. – 1500 n. Chr.**: Besiedelung des Landes durch Indianer.
1513: Der Spanier Ponce de León gibt Florida seinen Namen.
1500 – 1600: Festigung der spanischen Kolonialmacht im karibischen Raum. Gründung von Stützpunkten und Missionen in Florida.
1559: Der erste Versuch einer Besiedelung in der Bucht von Pensacola scheitert.
1562 – 1565: Der Franzose Jean Ribault will an der Mündung des St. Johns Flusses eine Hugenottensiedlung gründen. Pedro Menéndez de Avilés gründet die Stadt St. Augustine und tötet in der anschließenden kriegerischen Auseinandersetzung fast alle Franzosen.
1586: St. Augustine wird durch den Engländer Francis Drake zerstört.
1702 – 1763: Wachsende Spannungen zwischen der britischen Kolonie im Norden und dem spanischen Florida. Die Seminolen-Indianer weichen dem Druck der Siedler in Georgia aus und kommen nach Florida.
1763 – 1784: Florida wird auf diplomatischem Weg britisch. Der Amerikanische Unabhängigkeitskrieg beendet die britische Herrschaft in Florida, das wieder an Spanien fällt.
1784 – 1821: In der zweiten spanischen Periode wird Florida durch Siedler und Händler amerikanisiert. General Andrew Jackson fällt mehrere Male mit Armeen ein, um angeblich der indianischen Bedrohung Herr zu werden (Erster Seminolenkrieg 1818).
1821 – 1845: Florida wird amerikanisches Territorium, Andrew Jackson der erste Gouverneur. In diese Zeit fallen weitere Auseinandersetzungen zwischen Indianern und Siedlern (Zweiter Seminolenkrieg 1835 – 1842).
1845 – 1861: Systematische Besiedelung Floridas. Politische Streitigkeiten um die Sklaverei.
1861 – 1865: Während des amerikanischen Bürgerkriegs steht Florida auf der Seite der Konföderierten (Südstaaten).
1865 – 1925: Konsequente wirtschaftliche Erschließung Floridas. Dampfschiffe und Eisenbahn verbessern die Verkehrssituation und legen den Grundstein für den Anbau von Zitrusfrüchten, für Forst- und Landwirtschaft und die Viehzucht. Die neue Ostküsten-Eisenbahn ist der Garant für die aufblühende Tourismusbranche. Durch Trockenlegung von Sumpfgebieten wird neues Siedlungsland erschlossen. In den ersten beiden Jahrzehnten des 20. Jahrhunderts kommt es zu Landspekulationen und dann zum ersten großen Bauboom der Jahre 1924 und 1925.
1898: Der Spanisch-Amerikanische Krieg um die Unabhängigkeit Kubas verdeutlicht die strategische Funktion Floridas für die USA.
1904: Henry M. Flagler beginnt mit dem Bau seiner Eisenbahn von Miami nach Key West, die schließlich 1912 eröffnet wird.
1925 – 1945: Ein Hurrikan, der 1926 große Teile von Miami zerstört, und die Wirtschaftskrise des Jahres 1929 setzen der touristischen Entwicklung ein vorläufiges Ende.

Dieses Motel wirbt mit Floridas inoffiziellem Symbol, dem Flamingo.

Die sogenannten Tin Can Tourists – Blechdosentouristen –, die mit einfachen Wohnmobilen vor allem in den Camps in Nordflorida Urlaub machen, und die neuen Hotels die im Art Deco District in Miami Beach errichtet werden, sorgen wieder für einen Aufschwung.

Während des Zweiten Weltkriegs werden im Land Trainingscamps für Soldaten eingerichtet, und viele Soldaten lassen sich nach dem Krieg in Florida nieder.

Ab **1945**: Export von Zitrusfrüchten, die Fischereiindustrie und der Tourismus sind die großen Einnahmequellen des Landes. Es entsteht mit Straßen- und Kanalbau die Infrastruktur für das moderne Florida. In Cape Canaveral wird der Weltraumbahnhof eingerichtet.

Fidel Castros Revolution 1959 auf Kuba treibt bis in die achtziger Jahre viele kubanische Flüchtlinge in den Großraum von Miami.

1971: In Orlando eröffnet Walt Disney World.

Von **1900** bis **1980** steigt die Einwohnerzahl von Florida von bisher einer halben Million auf zehn Millionen.

1990: Pro Tag ziehen rund 1000 Bürger der USA nach Florida um.

1992: Hurrikan Andrew richtet Schäden in Milliardenhöhe an. 38 Menschen kommen um.

Wissenswertes vor der Reise

Eine erste Orientierung bietet das – allerdings meist überlastete – Fremdenverkehrsamt:
Fremdenverkehrsamt Florida
Schillerstr. 10
60313 Frankfurt/Main
Telefon: 069-131 07 32
Fax: 069-131 06 47
Innerhalb der USA (nur schriftliche Anfragen):
Florida Department of Commerce
Division of Tourism, Visitor Inquiry
126 West Van Buren Street
Tallahassee, FL 32399-2000

Das floridianische Fremdenverkehrsbüro verschickt eine ausführliche Informationsbroschüre in deutscher Sprache. Sie enthält alle wichtigen Angaben, die man zur Reiseplanung benötigt, beispielsweise die Adressen der regionalen Fremdenverkehrsbüros, der Chambers of Commerce = Handelskammern, die Detailinformationen zum konkreten Zielgebiet bieten.

Weitere wichtige Adressen in den USA, die ihr Material auch nach Europa verschicken:
State Parks: Department of Natural Resources
Office of Communication
3900 Commonwealth Boulevard
Tallahassee, FL 32399-3000

Camping: Florida Campground Association
1638 N. Plaza Dr.
Tallahassee, FL 32308-5364
Everglades National Park
P.O. Box 279
Homestead, FL 33030

National Park Service
Office of Public Inquiries
Washington, D.C. 20013-7127

Die Orangen werden direkt an den Plantagen verkauft.

Der National Park Service informiert nicht nur über Florida, sondern über alle Nationalparks und -monumente in den USA.

Anreise

Fast alle wichtigen amerikanischen und europäischen Linienfluggesellschaften sowie die großen Charterfluggesellschaften fliegen Florida direkt an. Wer auf keinen bestimmten Zielflughafen angewiesen ist, sollte den in der Hochsaison aus allen Nähten platzenden Flughafen von Miami meiden. Orlando, Tampa und Fort Lauderdale sind dafür gute Alternativen.

Gezielt anfliegen lassen sich spezielle Regionen Floridas gut mit Delta Air Lines, die nicht nur Direktflüge von Europa nach Florida anbietet, sondern auch innerhalb des Staates über ein dichtes Flugnetz verfügt. Rundflugtickets sind vorteilhaft, wenn Florida im Rahmen einer Reise durch mehrere Staaten der USA besucht werden soll.

Klima und Reisezeit

Florida hat ein subtropisches Klima von fast tropischem Charakter im Süden bis hin zu einem gemäßigteren Klima im Norden des Landes. Die Winter in der Südhälfte der Halbinsel sind frühlingshaft mild, und es regnet nur sehr wenig.
Die Tagesdurchschnittstemperaturen im Januar liegen zwischen 18 Grad Celsius in St. Petersburg und 21 Grad Celsius in Key West. Die Sommer im Süden sind sehr warm. Kurze und heftige Nachmittagsschauer sind häufig. Die Tagesdurchschnittstemperaturen von 28 Grad Celsius entsprechen dem Mittelwert von ganz Florida.
Die Nordhälfte Floridas wird meist während der Frühjahrsferien und im Sommer besucht, wenn die Temperaturen zwischen 22 und 28 Grad Celsius liegen. Die Winter sind trocken bei milden bis frischen Temperaturen; mit kurzen Kälteeinbrüchen ist im Norden häufiger zu rechnen als im Süden. Die Tagestemperaturen liegen im Winter mit 13 bis 16 Grad Celsius (Januar) etwa drei bis vier Grad niedriger als die im Süden.

In ganz Florida treten die gefürchteten tropischen Stürme vor allem während der Sommermonate auf. Als Zeit für die Hurrikans gelten die Monate Juni bis November. Da sich die entscheidenden extremen Wettersituationen meist langfristig entwickeln und Florida über ein gutes Warnsystem verfügt, bedeuten diese Stürme in der Regel für Touristen keine Gefahr.

Im Naturpark Sunken Gardens in St. Petersburg sind die Papageien so zutraulich, daß sie aus der Hand fressen.

Die richtige Reisezeit hängt neben dem Klima selbstverständlich auch von den jeweiligen Freizeitinteressen ab. Außer Schwimmen und Sonnen kann man in Florida allen möglichen Urlaubsaktivitäten das ganze Jahr über nachgehen. In den Sommermonaten sind die Moskitos in Sumpf- und Schwemmgebieten manchmal so zahlreich, daß sie den Spaß am Wandern oder Kanufahren gründlich verleiden können.
In Südflorida ist die Hochsaison von Ende Dezember bis etwa März und April. Im Norden liegt sie in den Frühjahrsferien und den Monaten Juli bis September. Im Spätherbst, von Mitte Oktober bis Mitte Dezember, und in den Frühjahrsmonaten April und Mai (nach Ostern) gelten in vielen Orten günstigere Nebensaisonpreise. Doch sind die klimatischen Bedingungen zu diesen Zeiten ebenso gut wie in der Hochsaison.

Transportmittel/Mietwagen

Der Verkehr in Florida konzentriert sich auf die Straßen. Die Busverbindungen zwischen größeren Orten sind gut, doch vor Ort ist man meist einem regionalen öffentlichen Verkehr von zweifelhafter Qualität ausgesetzt. Taxis sind teuer, ihre Tarife sind auf den Autotüren angegeben.
Wer in Florida herumkommen will, ist auf Mietautos angewiesen, die durch Konkurrenz und niedrige Preise ab zwei Personen auch die billigste Reisemöglichkeit sind.
Eine Kreditkarte ist bei der Anmietung von Vorteil, weil dann keine Kaution hinterlegt werden muß. Ohne Karte wird die Vermietung oft sogar abgelehnt. Die meisten Autovermieter verlangen ein Mindestalter des Fahrers von 25 Jahren. Der Aufpreis für zusätzliche Fahrer, die empfehlenswerte Erhöhung der Haftpflicht über das gesetzliche Mindestmaß hinaus und eine Vollkaskoversicherung (LDW oder CDW genannt) sind beim Preisvergleich wichtig. Am günstigsten ist es, wenn man ein Auto bereits zu Hause bucht.

»Oldtimer« begegnen sich in Miami Beach.

Straßen

Das Straßennetz in Florida ist gut ausgebaut. Für einige wichtige Straßen und viele Brücken (causeways) werden Straßengebühren verlangt. Zum Beispiel bei der Hauptverbindung Miami – Orlando »Florida's Turnpike«, der S-528 Orlando-Cape Canaveral »Bee Line Expressway« und der I-75 »Alligator Alley« von Fort Lauderdale nach Naples. Mautstraßen gibt es in den Stadtgebieten von Orlando, Miami und Tampa. Die Maut macht sich in der Regel durch erhebliche Zeitersparnis bezahlt. Für die schnellen Automatenspuren an den Mautstellen benötigt man quarters (25-Cent-Münzen). Wichtig direkt nach der Ankunft: An vielen Zahlstellen werden höchstens 20-Dollar-Noten akzeptiert.

Unterkunft

Die Kapazitäten sind so groß, daß es selbst in der Hochsaison immer Betten gibt. In der Nebensaison kosten die Zimmer oft nur die Hälfte. Sogenannte Resorts bieten zusätzlich Freizeitaktivitäten, Sport und Animation. Preiswerte Motels liegen an den Hauptdurchgangsstraßen. Alternativen zu Hotels und Motels sind Pensionen und Bed & Breakfast. Die Preise liegen bei vergleichbarem Standard zwischen denen von Motel- und Hotelzimmer. Hier gibt es Frühstück und man kann mit Gästen und Einheimischen leichter ins Gespräch kommen. Entsprechende Adressen nennen die regionalen Handelskammern.

Ein seltsamer »Familienausflug« in Florida.

Die Campingfreunde müssen bei der Wahl eines der über 450 Plätze berücksichtigen, ob sie mit dem Zelt oder mit dem Campmobil (abgekürzt RV genannt) unterwegs sind. Viele private Campingplätze haben keine oder nur schlechte Aufstellplätze für Zelte, sind aber ansonsten sehr gut ausgestattet. Bei normalen Komfortansprüchen kann man auf die Campingplätze der State Parks ausweichen. Sie liegen landschaftlich sehr schön und kosten weniger als die privaten.

Essen

Das Essen ist vielfältiger und besser als sein Ruf. Das Angebot an Meeres- und Süßwasserfischen ist enorm, dazu kommen noch alle Arten von Meeresfrüchten. Einflüsse aus der Karibik tragen zur Variationsbreite der Zubereitungsarten bei. Leider kann man von dem Äußeren eines Restau-

Das angenehm sonnige Klima von Miami Beach lockt zahlreiche Rentner hierher.

rants nicht auf seine Qualität schließen. Hier hilft Nachfragen, beispielsweise an der Motelrezeption. Hotelrestaurants entsprechen dem sonstigen Niveau des Hauses, sind meist zuverlässig und lassen sich das oft mit etwas höheren Preisen bezahlen. In einfachen Fischlokalen, die den »Catch of the Day«, Fang des Tages, anbieten, bekommt man den besten Gegenwert.
Günstige Preise haben Family Restaurants. Selbstbedienungsrestaurants gibt es in allen Qualitätsklassen. Der Vorteil ist, daß bei ihren Preisen kein Trinkgeld hinzugerechnet werden muß.

Trinkgelder

Die Gehälter im Dienstleistungsbereich sind niedrig, in der Gastronomie miserabel, und das Bedienungsgeld ist in den Preisen der Speisekarte meist noch nicht eingeschlossen. So ist das Trinkgeld (tip oder gratuity genannt) nicht nur ein Extra für guten Service, sondern Existenzgrundlage des Personals. Etwa 15 Prozent des Rechnungsbetrags für die Bedienung sind das übliche Maß. Hotelboys bekommen mindestens einen Dollar für ihre Hilfe oder für jedes Gepäckstück zwischen 50 Cent und einem Dollar. Taxifahrer erwarten mindestens 10 bis 15 Prozent Trinkgeld und sind manchmal so frei, es sich gleich selbst auf den Fahrpreis aufzuschlagen.

Kleidung

Eine leichte Baumwoll- und Freizeitkleidung ist für das Klima in Florida ideal. Wer im Winter reist, sollte jedoch Windjacke und Pullover nicht vergessen, da tageweise und/oder nachts die Temperaturen ziemlich abkühlen können. In Sumpfgebieten schützen gerade bei sommerlicher Hitze langärmelige Oberbekleidung und lange Hosen vor lästigen Moskitostichen. Obwohl in den USA auf Kleidung im allgemeinen kein besonders großer Wert gelegt wird, verlangen hochklassige Hotels und Restaurants oft eine formelle Kleidung oder entsprechende Abendgarderobe.

Ein Strand wie aus dem Bilderbuch im Sunshine State.

Post/Telefon

Die Post in Florida ist langsam. Informationsmaterial sollte deshalb rechtzeitig angefordert werden. Das Telefonnetz ist zwar gut ausgebaut, doch Überseegespräche von Münztelefonen aus sind problematisch. Die Mindestzeit von drei Minuten kostet über acht Dollar und muß in *quarters* (25-Cent-Münzen) und *dimes* (10 Cent) also mit mindestens 30 Münzen entrichtet werden! Abhilfe schaffen Telefonkarten, die man bereits in größeren Reisebüros zu Hause erwerben kann. Der Operator für nationale Vermittlung wird mit 0, der für die internationale mit 00 gewählt. Die internationalen Rufnummern für Direktwahl: Deutschland 011-49, Österreich 011-43, Schweiz 011-41. Daran schließt sich die Ortsvorwahl ohne die 0. In vielen Hotels und Motels können vom Zimmer aus Ferngespräche geführt werden, allerdings zu höheren Gebühren.

Geld

Bei einer Reise nach Florida sollte eine Kreditkarte nicht fehlen, bei Anmietung eines Autos ist sie unverzichtbar. Die Mitnahme von Dollarnoten empfiehlt sich nur in kleinen Mengen. Vorteile bieten Reiseschecks durch die eingeschlossene Diebstahlversicherung. Sie werden in Restaurants und Läden wie Bargeld akzeptiert, wenn der Scheckbetrag den Rechnungsbetrag nicht zu weit überschreitet. Quarters sind die gebräuchlichsten Münzen. Sie werden für Automaten benötigt (etwa Schließfächer, Parkuhren, Telefon, Fahrkartenautomaten und Mautstellen).

Kriminalität

Trotz aller Schlagzeilen des Jahres 1993 ist Florida weder gefährlicher noch ungefährlicher, als es andere Reiseziele in den USA sind.

In städtischen Großräumen – in Florida vor allem in Greater Miami – gibt es Slums, in denen sich die Schattenseiten der amerikanischen Gesellschaft zeigen. Liberale Waffengesetze sorgen zudem dafür, daß bei Raubüberfällen Waffen benutzt werden und daß es in extremen Fällen sogar zum Mord kommen kann. Vorsicht und Information können helfen, bereits im voraus kritische Situationen zu vermeiden.

Das Fremdenverkehrsamt von Greater Miami hat ein Informationsblatt herausgegeben, das bei Autoverleihern und am Flughafen ausliegt. Diese Ratschläge zu beachten, sollte auf jeder Reise selbstverständlich sein: Gepäck stets beaufsichtigen, wenig Bargeld mitführen und den Autoinnenraum nicht als Gepäckraum verwenden.

Reine Touristengebiete, Hotelzonen und gehobene Wohngebiete werden von der Polizei und privaten Sicherheitsdiensten gut überwacht. Doch sollte man auch in solchen Zonen nicht durch Nachlässigkeit kriminelle Delikte provozieren.

Preise

Die Preise sind immer Netto-Preise, auf die eine State-Tax (staatliche Umsatzsteuer) von derzeit sechs Prozent erhoben wird. Bei touristischen Dienstleistungen kommen manchmal noch die kommunalen Steuern hinzu. Bei Eintrittspreisen ist die Steuer oft im Preis enthalten.

Aktivitäten

In Florida steht der Wassersport auch im Binnenland im Mittelpunkt: Schwimmen, Kanufahren, Motorbootfahren, Wasserski und Jetskiing, eine Art Wasserbob mit Motorantrieb, Windsurfen und Segeln. Wellenreiten kann man am besten an der Atlantikküste, tauchen und schnorcheln vor allem an den Korallenriffen im Südosten sowie in einigen fischreichen Quellen. Die notwendigen Geräte für alle Sportarten können fast immer am Ort gemietet werden.

Geangelt wird überall in Florida. Den Erlaubnisschein gibt es in Läden und an Ständen, wo auch Anglerbedarf verkauft wird.

Florida ist bekannt für seine mehr als 1000 Golfplätze. Neben Golf ist Tennis die beliebteste Sportart, einige Ferienanlagen in Zentralflorida bieten ihren Gästen auch Reitmöglichkeiten.

Die ausgefallenste Sportart ist Jai-alai, eine Art Superhandball baskischen Ursprungs, bei dem der Ball mit einem sichelförmig verlängerten Handschuh auf besonders hohe Geschwindigkeiten gebracht wird. In Palm Beach und Boca Raton wird Polo gespielt. Neben Pferderennbahnen gibt es volkstümlichere Bahnen, auf denen Windhundrennen stattfinden.

Florida ist vor allem wegen seiner vielen Themen- und Freizeitparks, den sogenannten attractions, bekannt. In deren Eintrittspreisen sind meist auch die Unterhaltungsangebote enthalten.

Naturfreunde finden zahlreiche Feuchtlandschaften, Wälder und Strände. State Parks sind für Natur- und Tierbeobachtungen geeignet, hier gibt es oft auch Wanderwege und Naturlehrpfade.

Der Vergnügungspark Cypress Gardens liegt südlich der I-4 in der Nähe von Orlando. Die Blütenpracht im Botanischen Garten, dem ältesten Teil des Parks, ist das ganze Jahr über zu bewundern.

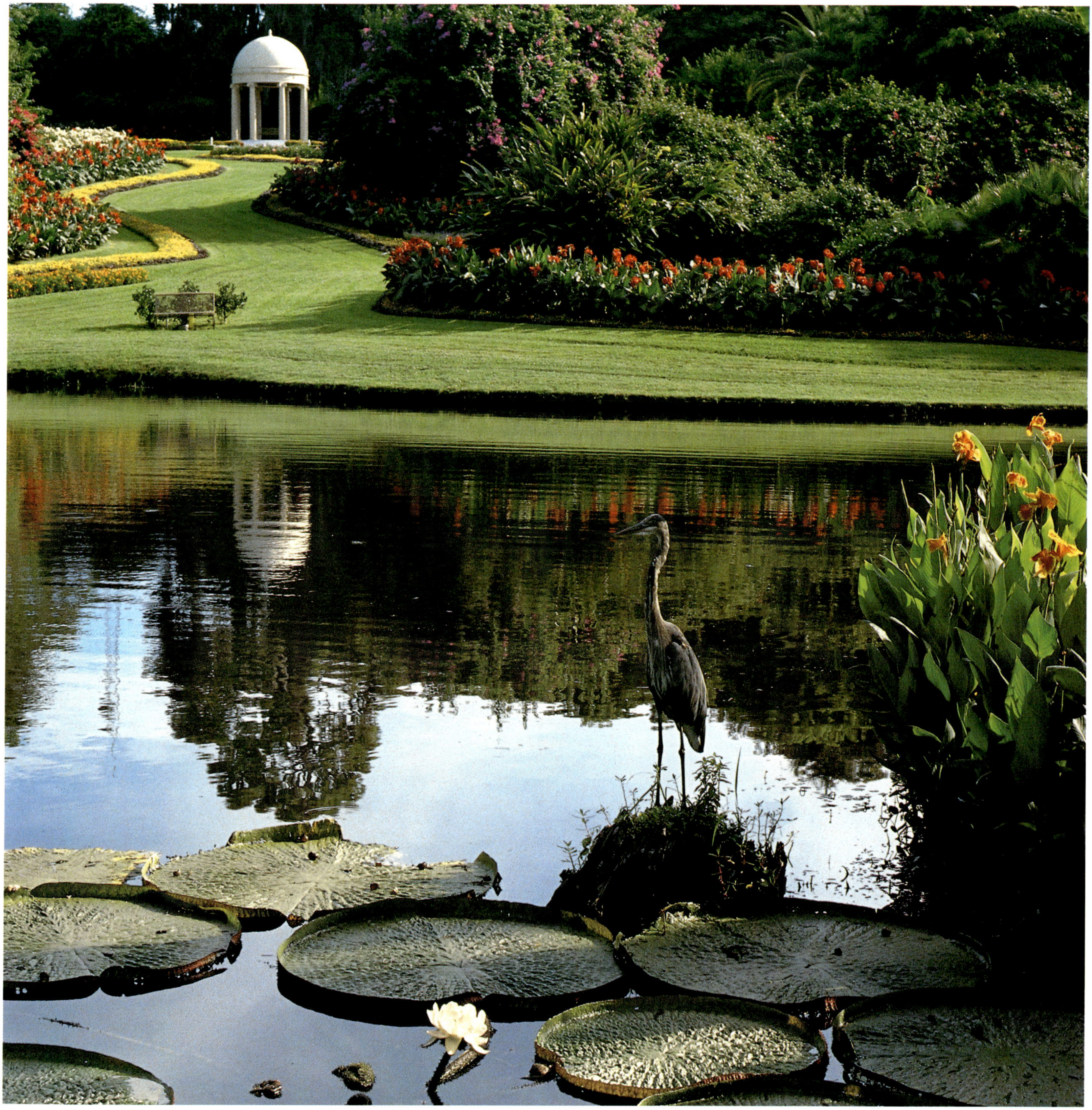

Register

Kursive Ziffern verweisen auf Abbildungen.

Personenregister

Armstrong, Neil 29

Caboto, Giovanni (John Cabot) 17
Castro, Fidel 23, 137

Deering, James 129
Disney, Walt 31, 121,
Drake, Sir Francis 18, 136

Edison, Thomas Alva 93, 131, 132

Faber, Eberhard 21
Flagler, Henry M. 21f., *23*, 49, 124, 125, 128, 132, 136

Gagarin, Juri 28
Gorrie, John 136

Heath, Ralph 133
Heinrich VIII., König von England 17
Hemingway, Ernest 34, 67, 77

Jackson, Andrew, »Old Hickory« 20, 136

Kennedy, John F. 28, 30
Kingsley, Zephaniah 124f.
Kolumbus, Christoph 14, 17

Leedskalnin, Edward 129

Menéndez de Avilés, Pedro 18, 136
Michelangelo 19
Morse, Eleonor 132
Munroe, Ralph 128

Osceola, Seminolen-häuptling 20

Plant, Henry B. 21, 132
Ponce de León, Juan 16f., 124, 136

Reynolds, A. 132
Ribault, Jean 124, 136

Ringling, John 91, 132
Ringling, Mable 91
Rockefeller, John D. 125
Rubens, Peter Paul 91, 132

Shepard, Alan 28
Soto, Hernando de 17, 132

Truman, Harry S. 28
Tuttle, Julia D. 21

Weissmuller, Johnny 136
Williams, Tennessee 34

Ybor, Vincente Martinez 107, 132f.

Orts- und Sachregister

Ais, Indianerstamm 18
Alabama 15, 17, 18f., 134, 135
Alexander Springs 123
Alligator Alley 24, 138
Alligatoren 24, *25*, 25, *26*, *86*, *100*, *114*, 123, 128, 129, 130, 131, 133, 136
Amelia Island 123, 125
Anastasia Island 19
Anhinga Trail 129
Apalachee, Indianer-stamm 18
Apalachicola 135
– Gibson Inn 136
– John Gorrie State Museum 136
Apollo 28, *29*
Apollo Beach 126
Appalachen 133, 134
Arlington 124

Bahamas 20, 128
Bahia Honda Key 130
Bahia Honda State, Recreation Area 130
Bee Line Expressway 138
Big Pine Key 130
– National Key Deer Wildlife Refuge 130
Bimini 17
Biscayne National Park 129
Bok Tower Gardens 123
Bradenton 132
– De Soto National Memorial 132
Bürgerkrieg 20, 123, 125, 135, 136
Bulow Plantation Ruins 125

Calusa, Indianerstamm 18
Campingplätze 123, 129, 130, 133, 135, 137, 138
Canaveral National Seashore 125
Cape Canaveral 18, 23, *28*, 29f., 121, *125*, 126
Cape Florida 129
Captiva 130, 131
Cedar Key 21
Challenger 28, 30
Clearwater 132, 133
Clermont 123
Cocoa Beach 126
Collier Seminole State Park 131
Conchs 34, 110, 127
Coquinastein 19, 123, 124
Coral Gables *61*, 128
Corkscrew Swamp Sanctuary 131
Creek, Indianerstamm 19

Darling National Wildlife Refuge, (»Ding«) *78*, 80, 131
Daytona Beach *5*, 21, 30, *34*, *52*, *53*, 125, *126*
– Birthplace of Speed Museum 125
– Daytona International Speedway 125
Delphine *87*, 122, 125, 128, *129*, 129, 130
Disney World *31*, 31ff., *39*, *41*, 121, *122*, 133, 137
– Liberty Square 121
– Magic Kingdom 31, 32, 33, *41*, *42*, 121
– Mann's Chinese Theatre *39*, 121

Ellenton 133
– Gamble Plantation 133
Elliot Key 127
EPCOT-Center 31, 32, 33, *40*, 121, *122*
– Future World 121
– World Showcase 121
Everglades 15, *20*, 20, 22, 23ff., *25*, *83*, 130, *131*
– Everglades City 131
– Everglades National Park 23ff., 129f., 131
– Everglades Wonder Gardens 131
– Shark Valley 129, 130
Explorer I 29

Ferienanlagen 121, 125, 130, 131
Fernandina 125

Fernandina Beach 123
Flagler Beach 125
Flamingos *1*, *24*, 130
Florida Bay 24, *81*
Florida Caverns State Park 134
Florida Citrus Tower 123
Florida Keys *22*, *23*, 23, *55*, *110*, *127*, 127, 129, 130, *131*, 133
Fort Caroline 18, 124
– Fort Caroline National Monument 124
Fort Clinch 125
– Fort Clinch State Park 125
Fort de Soto 133
Fort George Island 124, 125
Fort Lauderdale 4f., *51*, 128, 137, 138
– Archäologisches Museum 128
– Bahia Yacht Club 128
– Fort Lauderdale Historical Museum 128
– Discovery Center 128
– Ocean World 128
Fort Marion siehe St. Augustine, Castillo de San Marcos
Fort Matanzas 124
Fort Myers 8, 36, *93*, *95*, 130, 131, *132*
– Edison Winter Home *92*, *93*, 131, *132*
– McGregor Boulevard *95*, 131
Fort Pickens 135
Fort Walton Beach 135
– Gulfarium 135
– Indian Temple Mound Museum 135
Franziskanermission siehe Nombre de Dios
Freizeitparks 121, 122, 128, 131

Gatorland 123
Gemini 29
Georgia 15, 17, 18, 123, 125, 134, 135, 136
Golf von Mexiko *6*, *8*, *88*, *101*, *118*, 132, *134*, 134, 135
Gumbo Limbo Trail 129

Hammock-Inseln 27, 129
Havanna 19
Homestead 26, 127, 129, 130
Homosassa Springs State Wildlife Park 133

Hurrikans 21, 22, 127, 128, 129, 136, 137, 138

Indian Shores 133
Islamorada 130
– Cheeca Lodge 130

Jacksonville 22, 124, 125
– Jacksonville Landing 125
– Museum of Science and History 125
John F. Kennedy-Space-Center 27 f., *28*, 125, 126
John Pennecamp Coral Reef State Park 129, 130
Jungle Larry´s Zoological Park at Carribean Gardens 13
Juniper Springs 1231

Karibik 13, 15, 17, 22, 23, 33, 126, 127, 130
Kennedy Space Center 125, 126
– IMAX-Kino 126
– Spaceport USA 126
Key Biscayne 127, 128, 129
– Miami Seaquarium 129
Key Largo 33, 127, 129
Key West 21f., 23, 25, *33*, 33ff., *76*, 127, 130, 133, 136
– Duval Street 34, *52*, *67*, 130
– Hemingway-Haus 34, *77*, 130
– Mel Fishers Schatz-museum 130
– Sunset Celebration 34, 130
Kingsley Plantation 124
Kissimmee 121,
Kolonialzeit 8, 18, 45, 67, 123, 124, 133
Kuba 17, 18, 19, 22, 23, 33, 126, 128, 132, 133, 136, 137

Lake Buena Vista 33, 121
Lake Jackson *135*
Lake Okeechobee 22, 23f., 25f.
Lake Wales 123
Louisiana 17, 134

Mahogany Hammock 129
Manatees 125, 126, 131
Mangroven *81*, 129, *131*
Mangroveninseln 124
Marathon 130
– Dolphin Research Center 130

142

- Museum of Natural History of the Florida Keys 130
Marco Island 130
Marianna 134
Marineland 124
Marshland (Schwemmgebiet) 124
Mayport 124
Mercury 28
Metro-Goldwyn-Mayer (MGM)-Studios 31, 32, 121f.
- Hollywood-Boulevard 121
Miami 4, 14, 21f., 23, 25, 27, 33, 34, 57, 58, 59, 78, 126, 127, 128, 129, 130, 136, 137, 138, 139, 140
- Art Deco District 36, 62, 63, 64, 65, 127, 128, 137
- Atlantis Building 59
- Bass Museum of Art 128
- Bayside Marketplace 126
- Center of Fine Arts 128
- Coconut Grove 128
- Coral Castle 129
- Historical Museum of Southern Florida 128f.
- Little Havanna 128
- Metro-Dade Cultural Center 128
- Metromover 128
Miami Beach 49, 62, 63, 64, 65, 96, 126, 127, 128, 130, 137, 138
Miccosukee, Indianerstamm 130

Naples 36, 130, 136
NASA 28, 29, 126
Naturschutzgebiete 36, 124, 125, 126, 131
New Port Richey 36
New Smyrna Beach 126
New Smyrna Sugar Mill Ruins 125
Nombre de Dios 124

Ocala 122, 123
- Silver Springs 43, 122
Ocala National Forest 123, 125
Ochopee 20, 131
Okefenokee-Sümpfe 125
Orangenplantagen 121
Orlando 11, 14, 31, 38, 40, 121, 122, 123, 137, 138, 139, 140
- Church Street Station 11, 38, 122

- Elvis Presley Museum 122
Ormond Beach 125

Palm Beach 21, 25, 34, 128
- Breakers Hotel 49, 128
- Flagler-Museum 128
- Lion Country Safari 128
Palm Beach County 24, 48, 50
Panama City 5, 135
Panhandle 6, 82, 107, 109, 133f., 134
Pelikane 84, 126, 130, 133
Pensacola 18, 19, 20, 134, 135, 136
- National Museum of Naval Aviation 135
- Old Christ Church 135
- Palafox Historic District 135
- Pensacola Naval Air Station 135
- Seville Historic District 135
Pinelands 129
Pionierzeit 28, 38, 122, 125, 133, 135, 136
Ponce de León Inlet 125
Port St. Joe 135
Puerto Rico 17, 126

Rickenbacker Causeway 129

Sanibel Island 8, 78, 130, 131, 132, 133
St. Augustine 8, 15, 16, 18, 19, 20, 23, 44, 45, 47, 48, 49, 67, 123, 124, 125, 134
- Castillo de San Marcos 15, 19, 123, 124
- Flagler College 23, 48, 124
- Fountain of Youth 124
- Lightner Museum 124
- Oldest House 124
- St. George Street 124
St. Cloud 121
St. George Island State Park 135
St. Joseph Peninsula State Park 135
St. Petersburg 96, 99, 132, 133, 138
- Ca'd'Zan 89, 132
- DonCesar Hotel 96
- Museum of Fine Arts 133
- Ringling Museum of Art 132

- Salvador Dali Museum 132
- St. Petersburg Beach 133
- Sunken Gardens 104, 133, 138
- Tiki Gardens 133
Santa Rosa Island 135
Sarasota 89, 90, 132
Saturn V 28, 29, 125
Seaside 2, 110, 112
Sea World 122
Seminolen, Indianerstamm 14, 15, 16, 19, 20, 130, 132, 136
Seven Mile Bridge 130
Skylab 29
Spaceshuttle 29, 30
Spanisch-Amerikanischer Krieg 23, 136
Sputnik 29
Straits of Florida 18
Südstaaten 6, 21, 123, 136
Suncoast Seabird Sanctuary 133
Sunshine Skyway Bridge 32, 132

Tallahassee 13, 14, 15, 19, 20, 27, 99, 133, 134, 135, 136
- Altes Kapitol 13, 14, 15, 134
- Calhoun Street 134
- Museum of Florida History 134
- Neues Kapitol 13, 14, 134
- Park Avenue 134
- Union Bank 134
Tamiami Trail 24, 27, 129, 130, 131
Tampa 14, 18, 22, 23, 107, 121, 132, 133, 137, 139
- Busch Gardens 133
- Columbia Restaurant 133
- Henry B. Plant Museum 133
- Ybor City 133
- Ybor City State Museum 133
Tampa Bay 17, 18, 21, 32, 132, 133
Tarpon Springs 23, 132, 133
- St. Nicolas Kathedrale 133
- Spongeorama 133
Tequesta, Indianerstamm 18
Timukuan, Indianerstamm 18, 124
Titusville 126

Tocobaga, Indianerstamm 18
Tomoka State Park 125
Turnpike 138

Unabhängigkeitskrieg 15, 19f., 136
Universal-Studios 122
Ureinwohner 17f.

Vizcaya Museum and Gardens 129

Wakulla Springs 17, 26, 27, 99, 117, 136
- Wakulla Springs Lodge 136
Walt Disney World siehe Disney World
Walzing Waters 131
Weeki Wachee Springs 133
Wekiwa Springs 123
West Lake Trail 129
Winter Haven 122
- Cypress Gardens 37, 122, 140
- Southern Belles 122

Zweiter Weltkrieg 23, 28, 137

Bildnachweis

Udo Bernhart, Langen:
Seiten 124, 125, 128 (Mitte und rechts), 129, 130 (links), 131 (rechts) und 140
Axel Schenck, Bruckmühl:
Seiten 28 und 29

Die Karte auf Seite 120 zeichnete Astrid Fischer-Leitl, München

Dank des Autors

Mein Dank gilt all denen, die mir bei den Recherchen für dieses Buch geholfen haben:
Gloria González-Micklin, Anja Kathrin Bussler, Ilse Gschweng-Pazulla, den Mitarbeitern von Delta Air Lines und Walt Disney Attractions.

Impressum
Herstellung: Armin Köhler
Bildgestaltung: Joachim Hellmuth
Lektorat: Christa Klus, Barbara Zander
Reproduktionen: Repro Ludwig, A-Zell am See
Druck und Bindung: Mohndruck, Gütersloh

2. überarbeitete Auflage 1994, Südwest Verlag GmbH & Co. KG, München

© 1991 Süddeutscher Verlag in der Südwest Verlag GmbH & Co. KG, München
Alle Rechte vorbehalten
Printed in Germany
ISBN 3-517-01555-5